2018年8月。孫、竣仁《たかと》と

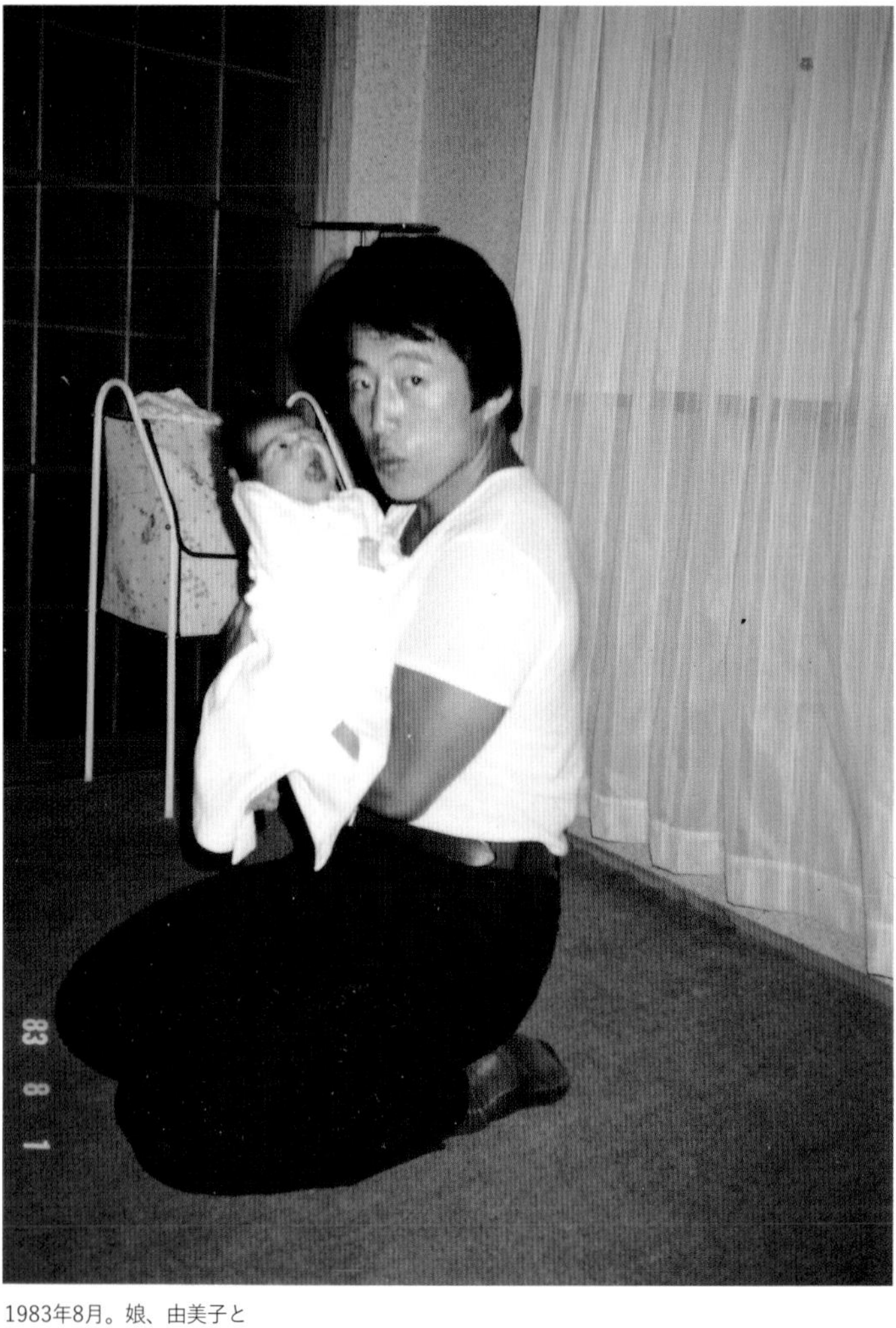

1983年8月。娘、由美子と

東孝の遺言

はじめに

最初に執筆した拙著『はみだし空手』（1981年／32歳）では、柔道から空手に取り組みはじめた頃（1972年／23歳）や、アメリカ遠征チームに選抜されて渡米し（1974年／25歳）、アメリカで暮らす目標がいっそう燃え上がったこと、そのうち諸々の事情でそれが不可能ということが分かり、極真会館主催第1回全世界空手道選手権大会（1975年／26歳）、同第2回大会（1979年／30歳）まで選手生活を送ったのち、仙台に帰るまでの18年間を描いた。

2冊目の『はみ出し空手から空道へ（2002年／53歳）』では大道塾設立（1981年／32歳）から空道第1回世界大会（2001年／52歳）までを振り返った。新たな競技の確立を目指しているなかで、一方では選手たちのキックボクシングやMMAの試合出場への欲求もあり、私的な目標との相克に、選手時代とはまた別の、組織運営者としての苦悶が続いた20年間だった。

10年前、大道塾設立30周年のタイミングでも「何か書いて欲しい」というリクエストはあったのだが、正直、私は表面的には立ち直ったように振舞ってはいても、〝長男正哲《まさあき》（※1）の死〟という事実を受け止め切れてはおらず、何事にも受け身での言動になっていた。

また『はみ出し空手から空道へ』でそれまでの修行で身につけた世界観や人生論のようなことは書き尽くした気がして、読み返しても新たに書き加えるべきものはないように思えていたのだ。

だが、大道塾設立満40年を迎えた今、50年間の武道人生を振り返ってみようと思う。東孝の人生の集大成であり、最後の一冊となるであろう本である。

◎

執筆を始めると周りが気にならなくなり時間の感覚がなくなる。後述するが、私は癌を患い、入退院を繰り返す生活を送っている。この原稿をタイプしている今は入院中で、夕食後7時頃から11時頃まで、原稿を打っているが「ああ、俺は作文が好きなんだな～」とつくづく思う。文章を書いていると、記憶の掘り起こしになり、自分の過去がしっかりと俯瞰できるし、分からない点について調べ直したりする機会も多いので勉強にもなる。

ここ数年、日常生活に追われて「センセイ、エッセイを書いてください。自分らはあれが楽しみなんですから」と何人かから言われながらも、文章を書くという時間も取れなかったし、私の人生の大きな部分を占めていた正哲がいなくなってからは、あれこれ書いても空しさが先に立って、その気にもなれなかった。

よく「男は息子に褒められることが最上の喜びだ」という言葉を聞くが、まさにそうだった。読ませる相手がいなくなったような気がして、モノを書く気になれなかったのだ。しかし最近では娘の由美子（※2）も「お父さんはこう書いているけれど私はこう思う」などと私の作文にあれこれ言い出し始めたので、少しは書く気になってエッセイなどを書く機会が増えてきてはいる。今回はこの入院のお陰で下手の横好きに集中できる時間ができたのは、何かの〝導き〟かもしれない。

◎

スポーツ組織として国際社会の認知を受けるための条件を満たす目的から、前回大会から丸4年間の間隔を空けることなく、2022年に世界選手権を実施することが決まった一方で、コロナ問題により丸1年、国内の大会は開催を断念する状況が続いているため、私自身、この目で弟子たちの状態を見たいと思っている。

公式試合から2年離れた選手たちの動きは、果たして世界に対抗しうるものなのか？

　それをこの目で確かめたいのだ。

　それで、2021年5月開催の全日本体力別選手権においては、これまで通り審判長を務めることを望み、この点については家族にも納得してもらったのだが、癌との闘いについて直ちに公表することについては、少し家内（※3）と議論があった。「どうしても姿を出さなくてはならないその大会当日までは、退院後も家に籠っているべきで、癌について公表すべきではない」というのだ。

　癌とは、正常な細胞ががん細胞へ変異して、体からの命令を無視して増殖し続けることによって周囲の組織を破壊し、臓器の機能不全などを引き起こす病気のことで、現時点では、進行を制御できない病気である。自らに関わる人を不安にさせない、気を使わせないためには、この病に罹患したことを伏せておくことも、気配りとして正しいのであろう。

　しかし、私は「癌＝死に至る病」と闇雲に恐れたり、忌避したりせずに、真の姿を見せ、臆測が飛ぶ中で不安の中にいる弟子たちには元気な姿を見せた方が良いと思った。実際、ベッドから動けない状態にまで悪化してから、2週間で100ｍ楽に歩けるまでになったし、リハビリの課題は与えられた量の2倍できるようになったりと、順調に回復しているのだから。

それに今や日本人の死因の半分が癌であり、癌になったからといって特別な患者ではないし 研究も日進月歩しており、治癒率2~20%という噂の新薬の話も聞く。

そして、この原稿をタイプしているまさしくその期間に、柔道バルセロナオリンピック男子71KG級金メダリストの古賀稔彦氏が53歳で癌により世を去った一報に触れ、あらためて、この病との闘いの現実を伝えたいと思ったのだ。

「古賀氏は『俺、癌になっちゃったよ』と明るく周囲の友人、知人に話していた」という情報が入ってきて少しはホッとしたのだが、多く場合、アスリートが癌に罹ると、表舞台から姿を消し、発言を控え、社会からフェードアウトし、何年か後に死亡記事を躍らせる。

理由の一つは、おそらく容貌の変化ではないかと思う。抗がん剤の作用で頭髪が殆ど抜け戦国時代の敗残兵のような姿になるからだ。スポーツでの活躍により自己肯定感を強く持っていて、そのうえ、容姿(筋肉質だったり長身だったり)にも恵まれていたなら、落差の分だけ、表に出るのは辛いだろう。

しかし、そこで頑張って、語って欲しいのだ。「なぜ健康そのものだった私がこんな風になったのか？　こうなってどのように過ごしているのか？」を。そういった声が各種のスポーツ分野から澎湃《ほうはい》として湧きあがれば、同じ病に遭遇した後輩たちの安心材料となるし、スポーツ分野の研究者・医師等の「運動選手はなぜ早世なのかに関する研究」にデータを提供することにもなろう。

そこで私は、若い頃からあり余り、散髪屋では常に「限度まで精一杯梳いてくださ い」とお願いしていた髪が綺麗サッパリと消えたのは寂しいにしても、恐れていた〝反社風〟にはならなかったことを不幸中の幸いと考え（笑）、語りたいと思うのだ。「癌になったらアウト！　みたいな感じじゃなくて、今はいろいろな薬ができてい て、希望を持って生きられるんだ」みたいな、そういう理解を持って欲しくて「癌というものがどんなものなのか、もっと世間は知っていいんじゃないか？」と。

それで、闘病の間、何がどうだったかとか、これがよかったとか、そういうことを記録しておくことが、みんなのためになるかなと思って、今もキーを叩いているのである。

2021年3月　東孝

Profile

東孝

Takashi Azuma

1949年5月22日生まれ、宮城県気仙沼市出身。気仙沼高等学校卒業後、陸上自衛隊を経て、早稲田大学第二文学部入学。1971年に極真会館に入門、1973年には第5回全日本空手道選手権大会に出場し、1974年第6回全日本大会2位、1975年第１回世界大会6位、1976年第8回全日本大会3位、1977年第9回全日本大会優勝、1979年第11回全日本大会3位、第2回世界大会4位と、輝かしい戦績を残し、1981年2月、大道塾を仙台に創設。同年9月には北斗旗選手権をスタート、顔面への手技攻撃(突き、肘打ち)や頭突き、投げ技、寝技までを認める着衣の総合格闘技の普及に努める。2001年には、競技名称を「空道」とあらため、同年11月に第一回空道世界選手権を開催(以降、4年に1度開催)。空道大道塾九段。2021年4月3日、胃がんにより死去。享年72歳(数え歳)。

※１「正哲」とは塾長夫妻の長男、由美子の兄であり、２０００年８月に19歳で急逝した東正哲さんのこと

※２「由美子」とは二人の長女であり現在は全日本空道連盟にて要職に就く東由美子さんのこと

※３「家内」とは塾長と40年以上に渡り連れ添い、現在は大道塾事務局長の立場にある恵子夫人のこと

本書は、東孝の遺稿のうち「２０２０年に癌を発症してからの闘いの日々を振り返った日誌」を第Ⅰ部に、過去に出版した2冊の自叙伝「はみだし空手」（１９８１年）、「はみ出し空手から空道へ」（２００２）で記されている内容以降の20年間について振り返った回顧録を第Ⅱ部に、これからの空道、そして社会への願いを第Ⅲ部に、家族と関係者への思いを第Ⅳ部に、編纂したものである。

なお、表紙（カバー）の写真は、末期癌罹患の宣告を受けた後「基本稽古のお手本を残しておこう」と総本部で撮影に挑んだ際のショット……亡くなる８カ月ほど前の姿である。

目次

装丁・デザイン　浅原拓也

第Ⅰ部・病との闘い

――いつか同じ病に罹る人たちへ捧ぐ。

２０２０年2月

練習中、腹に力が入らず、ウェイトトレーニングや技術に関する自主練習を中止したほどだから自覚症状はあったのだろう。「あったのだろう」と書くと他人事のようだが、この程度の不調では私は「練習を中止にする」程度で、病院に行くとまではしてこなかった。

こんな程度のことでいちいち通院していては、大道塾総本部および、国際＆全日本空道連盟の仕事は回らないからだ。実際、大概の不調は休めば治る。練習前にもちょっと違和感があっても練習しているうちに調子は戻るのが常だったので、この時もとりたてて気には留めなかった。

〝闘い〟を前提とした仕事をしていると、荒ぶる気持ちをなだめるためにも弟子たちや後援者との週1～2回の飲みニケーションは〝必須〟だ。ところが練習が終わるのは9時過ぎだから飲み始めは10時となり、それから週日では短くて2～3時間、週末ならカラオケだとなりと5～6時間は付き合ってしまう……いや、付き合わせてしまう？　いずれにせよ時間を掛けてしまうから、寝るのは午前3時4時が当たり前。

1日5～6時間の練習をこなしていた選手時代こそ一日7時間の睡眠は確保するようにしていたが、選手を引退した31歳からは組織の設立、維持に時間を割く必要があり、睡眠時間は1日、4時間±1時間というスケジュールにしていた。

その一方で、体を動かすことは、物心ついたころからの〝持病〟みたいなもので運動はやめられない。週5～6日×2～3時間の練習はこれまた〝必須〟だから、飲みニケーションに使う日である火曜日、木曜日（＋土曜日）の次の日（月曜日、水曜日、金曜日）は、必ず7時には起きて、10時からのデスクワークに間に合うよう、練習をしていた。

私にとっては、それは大道塾設立の31歳から今日までの〝習慣〟で、これをしないと半日くらいは体がだるいし、酒が残って仕事にならない。汗を流してスッキリしてこそ、定期的に訪れる公式行事（※）の企画・検討といった日常業務の他に、（訳の分からない失礼な）メールや手紙の処理までこなせるのだ。

※組織変革により5年ほど前から地方での行事は各地の支部に大方任せるようにしたが、それまでは全国5地区（北海道、東北、関東、関西、九州沖縄）の春の審査会、

春の体力別予選、夏の合宿（サマーキャンプ）、秋の予選、年末の審査会と合計25回！
それに年2回の全日本選手権（春の体力別、秋の無差別）とイレギュラーの大会（古くはwars、最近ではWorld Games、World Cup、Combat Gamesなど）、年2回の全国運営会議（今年で通算80回を超えた!!）と支部長審査会……などなど、月平均3回は大きな行事が待ち構えていた。

そんな調子で70の古希を迎えたのだが、2020年1月12日に「大道塾設立40周年・空道創始20周年を祝う会」を実施した。元来大道塾は、あまり〝義理掛け興行（笑）〟はしないのだが、私の古希を迎えソロソロ弟子たちにも組織の明日について自覚的に考えてもらいたかったし（※）、逆な意味では永年この不肖の〝センセイ〟に付き合ってくれた弟子やご後援者の方々にも心からの感謝を伝えたく、あえて大きなホテルで華やかさを味わってもらおうと考えたのだ。

※私はある意味強引に、自分の思い込みで大道塾を始めたから、弟子にとってはなぜ当時全盛を誇った団体を辞めるのかは、分からなかったろう（一応、意を尽くしての

説明はしたつもりだが、組織というのはある程度上位の立場に就かないと理解できない、感じられない問題も多い）。ただそれまでの師弟関係によって付いて来てくれた弟子が殆どだったから、なるべく支部活動以外に仕事を持っている弟子には負担をかけないようにと、地方の行事も総本部で運営を行ってきたのだ。そんなわけで弟子は楽だったろうが、逆に「地方の行事は自分たちでしなければ」とか「空道や大道塾自体の将来のためには……」と考える気持ちがなかなか芽生えなかったように思う。

結果として大成功で、ご招待した皆様や弟子たちに喜んで貰えたと思うが、このころから何かいつもの「飲み会＋朝練コース」に乱れが出てきた。地元の町医者に気軽に「最近、胃の調子が良くなくて…」とレントゲンを撮ってもらったところ「特に異常は見られないけど、最近胃カメラ飲んでますか（定期検診を受けてますか）」と言われた。

しかし大企業の社員か公務員ならまだしも、個人事業主ならみなそうだと思うが、ハッキリした病名でも告げられない限り「仕事を抜け出て昼間の数時間、たかが〝検査〟のために仕事を空けるなんて……と思ってしまうものだ。まさか、それが命取りになるなんて、考えもしない。

2年ほど前のアジア大会後、胸が苦しく呼吸も乱れがちだったので調べたところ、不整脈なので検査して症状によっては手術を受ける必要がある（※）ということで、手術をして結局〝ステント〟という筒を入れることで、「通常の活動に不都合はない」というレベルまで回復したことはあった。

※不整脈から始まった心臓の検査は、結局、心臓を覆ってる3本の冠動脈の中の一番太い真ん中の冠動脈が詰まってきたのが原因らしく「ステントという筒を入れて血流を促せば大丈夫です。でも、どうもこれは先天的なものみたいですね」となった。そう言われれば「俺はたまたまこういう仕事をしてマメに医者に診てもらってるから早い段階で発見できたけど、ウチは親父が70歳、次兄が71歳と70歳前後で亡くなっているのはそれと関係あるのかな」などと思った。

一方で、飲む機会が多いゆえ、胃や肝臓、すい臓などの消化器系は、町医者での血液検査でマメにチェックしているから大丈夫だろうという思いがあり、胃カメラを最後に飲んだのは5年以上前だった。

それでは……と町医者が電話してくれてようやく予約の取れた1ヶ月後、居住区の成人病検診センターで受診したところ「今日の診察では心臓病の薬との関係性が分からないので、しかるべき病院で再検査してください」とのことで、〝検体検査〟といわれる「疑問のある部位の一部を切り取って詳しく調べる」検査をあらためて行うこととなった。

心配いらないというのについて来た家内と共に、弟子の医師に紹介されたNTT病院の消化器科に行き、検査センターから託された写真を見ながらの問診の結果「では胃カメラを飲んで精密検査しましょう」と言われ、撮った結果「チョッと胃潰瘍の悪化した胃がんの恐れもある画像が見えるので、再度CTで精密検査をしましょう」とのことで、6月27日に精密検査を受けたところ、いよいよ「癌の疑いがあり手術を要するので7月21日に来院してください」となった。

2020年7月21日（火）

ここまで言われても「俺は大丈夫信者」の私は「どうせ調べれば大したことないんだろう」といった気楽な気持ちで病院に行き、待合室で回りの、いかにも不健康そうな人達を眺めては「なんか場違いなところに来たなぁ〜。これじゃまるで俺も重病患者じゃないか」などと、今にして思うと不遜な気持ちでいた。医師に名前を呼ばれた際には、勢い良く立ち上がり診察室の前に進んだものだ。

医師は「今日は手術の必要はありませんが、午後に詳しく話しましょう」と言う。この時、同時に「ああ、やはり俺は健康なんだ。そりゃそうだよな。あんなに血液検査をやったり、定期的にMRIやCTを撮ったりしてるんだから」という気持ちと「この展開って、小説やドラマでよくみかける展開だよな。ひょっとして手術できないほどに深刻で手遅れなのかな？　しかしこんなことはわが身に起きるはずがない」といったどこか他人事のような想像、双方が頭をよぎった。

家内と二人で病院の食堂で食べながら、道場の話をしたりで時間を潰して、午後の診療を待った。呼ばれて診察室に座ると「実は……」と重苦しい声で「昨日のCTの結果を見ると胃に大きな腫瘍があり、そこから肝臓や腹膜、リンパにまで癌の種子というか細胞を飛ばして転移しているので、ちょっと手術のしようがないです」と。

家内は泣き始めたが、私は何か他人事のような気がして、しらっと「と、いうことは末期癌ということですか？」と聞いたなら、恐らく今は刺激的なそういう言葉を使わないようにしているのだろう、「はい、第4期癌ということですね。でも今は癌の治療法も進んでいますから、治る可能性もあるので、気を落とさないでください。来週あたりから、抗がん剤治療を受けられたら良いと思います」と気休めだろうが、慰めの言葉を言われた。

バッターボックスに立った瞬間に「あなたは三振です」と言われたような感覚で「てへ、おい！　待てよ、そりゃないぜ、全然バットも振ってないのにアウトです、退場してくださいって、そんな法がどこにあるかよ‼　もう一回審判と話してみてくれよ‼」という気持ちと、（事前にそういう事態を想定していたので）やっぱりそうだったか、俺も生身の人間だからそういうこともあるよなと納得しつつ、自分の存在が何か違う世界に移ったような気がした。

家に帰り入院の準備をしなければ……と、由美子と亮汰（※）に「車で迎えに来てくれ」と、詳しい話はせずに呼んだ。そうしたところ、まさかそんな結果だとは思いもしないから、たまに出る都心を通るのだから、昼飯は「ここのレストランか、あそこのレストランに……」とはしゃいで相談をしてきたらしい。

※2018年に開催された第5回空道世界選手権―260クラス王者の清水亮汰（東由美子さんと結婚し東家に入り戸籍上は東亮汰）のこと。

着いた途端に母親の様子がただごとではないことを感じさせたらしく、そんな気持ちも吹っ飛んだのだろう、病院のレストランに4人で重苦しく座った。私はなるべく明るい調子で「癌の4期、いわゆる末期癌だな。今日から俺は『西部の〝ガンマン〟だ』などとふざけてみせたが誰も反応しない。

「他の病院で診てもらおうよ！　セカンドオピニオンというのもあるんだから」と由

美子が言ったので「まあそれも良いだろうが……、東京でも有数の大病院でここまで精密に調べての結果だからなあ……」と私。

能天気に大好きなウナギを注文したので食べたものの、いつもの味がしない。沈黙のうちに昼食は終わった（家に着いたとたんに吐き気に襲われ、ウナギは大量の嘔吐物となって出てきた。癌は着実に体を蝕んでいたのだろう）。

後日、腫瘍内科の若い担当医に家族4人で色々質問した。私が「余命はどれくらいですか?」と訊くと、余計な期待を持たせないようにという気持ちなのかアッサリと「1年から1年半です」とのこと。「だって今は癌患者でも余命5年間とかって言うでしょう?」と言ったなら「私が扱った事例ではそういうことはありません」とキッパリ。「いいや。俺は勝手に5年以上生きるから」と思ってその場を離れたが……。

車に乗るや家内は「お父さんがいなくなるなんて……」と泣いてばかり。由美子は「セカンドオピニオンを」と繰り返している。私はそんな空気をほぐそうと「なあに俺も70まで生きたんだ。人間70まで生きたら元を取ったようなものだ。正哲の（亡くなった）時には心が折れそうになったが、由美子が頑張って俺たちを叱咤してくれて、由美子自身も目標のために勉強し、立派な社会人となったうえに、その職を辞して空道連盟の手伝いをしているうちに亮太という空道の申し子のような天才に出会い、しかもそれが俺から見てもお前にぴったりの相性で、無事ゴールインできた。1年後に元気な竣仁《たかと》（※）も生まれ、孫の顔も見られたわけだし、悪い人生じゃなかったと思うよ。好きな道で自分の考える武道を形作って世界大会を開くまでになったし……」と場を取り繕うように取りとめもなく話していた。

※「竣仁」とは清水亮太、東由美子の間に2017年に生まれた第一子。東塾長の初孫。

すると由美子が急に「お父さんは無責任だよ！　自分はそれでいいかもしれないけど残された人たちはどうすればいいのよ!!　家族だってそうだけど大道塾のこと、空道連盟のこと、みんなはお父さんが80、90まで生きると思って安心して任せているのに、ここで急にお父さんがいなくなったなら、みんな途方に暮れるんだよ。そういうことは考えないの？」と直球ストレートである。

そう言われるまで「ある程度、組織は作っているから、あとはみんなでうまく回してくれるだろう」くらいにしか考えていなかったが「オレは本当にマイペースなんだな〜。そうか自分は良くても残される者たちのために、今以上にしっかりとした組織を作らないと……」とつくづく思ったのだった。

家内のことにしても「俺がいなくなっても、社交性のある人間だし、友達も数人はいるから何となく生きてはいけるだろう」と漠然と思っていたが、それから一週間ほどの間「お父さんがいなくなる、お父さんがいなくなる……」と呪文のように呟いたり「お父さんの居ない生活って考えたことないよ……」と家の前の雑司ヶ谷墓地を見てぼうっとしているし、由美子は由美子で「私はお父さんがいなくなったなら、どうしたらいいか分からない。そんなことを考えるだけで夜は眠れなくなるよ……」と言う。

「あの負けん気の強い子でも、そんな状態になるのか」と、事態の深刻さを感じ始めたわけだが、考えてみれば由美子にはいわゆる〝血のつながっている親族〟というものが極端に少ない。亮汰の親族は北海道で私は気仙沼。家内の親族は海老名だが、忙しくて遊びにも行けなかったし、多感な20代の頃には由美子が海外に行っていたこともあって付き合いが薄い。17歳で突然兄を亡くしてからは東京では、私と妻以外に親族はいない。どちらが早く逝くにせよ、共に71歳だ。そう遠い日のことではないだろう。そうなった時、由美子が頼れるのは亮汰一人と成長した日の竣仁の二人だけだ。心細くなるのも無理はない。

私も元々は寂しがりで友を求める方だったが、18で家を出てから結婚するまでは友を求めようにも、忙しい東京ではすれ違いが多く、会いたいときに会える友などはほとんど出来なかった。そういう状況が続くと「期待する方が無理なんだ」という諦めの境地になり、次第に人をアテにしないという習慣が身についたから、どちらかと言うと孤独に強い部類にはなっていたと思う。

だが二人それぞれに訴えられると「俺もそれなりに頼りにされてたんだな〜」などと遅ればせながら能天気に気がついた。

〝修身斉家治国平天下（しゅうしんせいかちこくへいてんか＝儒教の経典「礼記」の「大学」篇の一節）〟

自分を修め、家を調え治め、然るして、国を治め得るし、天下を平和にできる……

と思って行動してきたはずなのに、足元の家族のことは一顧だにしてこなかったのだ、と。

その後、みんなで様々な延命療法を探した。そして、弟子である医師に、インターネット上に映し出される療法について尋ねてみたところ、みな怪しげなものとのことだった。「癌治療については世界の超有能な医師が集中して研究しており、年々画期的な医薬や、治療法が誕生しているのは確かだが、一人の医師が新しい治療法を試して、何人か延命できた患者がでたとしても、すぐにはその治療法の効果とは立証されない。別の要因により、延命できたのかもしれず、遍く癌治療に処方される治療法とはならない。もしその治療法が本当に素晴らしいものと立証されているなら、その治療法、治療薬を他の医師たちが放っておくはずがない」というのだ。そんな過程を経て、結局は普通の治療を受けることにした。私は私で体には何の不調もなく練習も普通にできたので「余命3年だ、5年だ……って関係ない!! みんなに宣言した通り80歳でも90歳でも生きてやるから心配するな!!」と科学を否定するようなことを本気で言っていた。

結果として、7月某日から薬物療法を始めて、1日に10種類近くの薬を飲む生活となった。まず食欲増進の薬、次いで癌そのものに対しての治療薬やその副作用を抑える薬、さらに便秘薬などなど。それ以外に、もともと服用していた心臓治療の薬が同じくらいの種類、あるのだ。子供のころ婆ちゃんが薬を何種類も飲むのを見てなんであんなに薬を飲むんだ？　と思ったものだが、自分がその2倍ほどの薬を飲むことになったわけである。嘘のようだとしか、思えない。治療サイクルは3週間でワンクールとなっており、1週目の初日に癌対策の点滴。これが2時間半くらいかかり、終了後は体が重くぐったりとして気持ち悪く、手の皮や足の皮の内側に何かブツブツしたものが出来たような感覚となり、物を掴んだり歩いたりするのが億劫になる。その後は投薬の日々が続くが、この間、食事が苦行で料理そのものの、見た目本来の味がしない。魚や肉を食べようにも「ああこの魚（肉は）はあんな味だったな」と思って口に入れると全く味がせず、砂を噛むような味がする。「それじゃあせめて味噌汁を」と思って口に入れても同じで、ある人は泥水を飲むようだと言っていた。

投薬の日々は1週間だったり2週間だったりと続き、やっと3週間目くらいに薬から解放される。この3週間目は患者に癌治療の苦しさを小休止させるためなのだろうが、週によっては薬を飲まないでも同じ様な症状が続く。この繰り返しで3クールが終わると、CTを撮って症状の変化を見る。こういった手順でクールを重ねて結果を見て、薬等の治療法を変えるということだった。

そしてなんと、第1クールが終わった時点で、胃がんは少し残ってるもののそのほかの癌はすべて消えていた！ 医師も「凄いですね。薬が相当効いているのでしょう」と、不思議そうな顔をしていた。さあ、これを聞いた家族は大喜び。昨日までの悲壮感はどこへやら「お父さんはやっぱり凄い!!」「運動してたからもあるよね!!」「大丈夫だよ」、まるで癌がすべて消えたような喜びようで、急に明るくなった。その姿を見て「やっぱり俺が元気だとみんな幸せなんだ、また頑張るぞ！」と気持ちを新たにした。

そんな調子で第2クールが終わり、CTを見たなら、なんと今度は、胃がんの影までが消えていた。医師は「顕微鏡レベルではないから手放しでは喜べませんが」と前置きしつつも「とにかく凄いですね。こんなこともあるんですね」と言っていた。家族はもう半狂乱で「癌が消えた!!」と大喜び。「顕微鏡レベルで見てみないと絶対的なことは言えないんだから少し落ち着け」と、私は不思議と平静で「どっちにしろ俺は生き抜くから」との思いを強くしたのだが……。

第3、第4クールになってくると週に関係なく体がダルくなってきた。癌細胞の反撃が始まったのだ。そして、秋から冬へ、第5、第6クールが過ぎ、年末年始で道場も休みだからと好きなBS放送の溜め録りや編集をしたりして過ごした第7クール。

家内は「こんなにどこへも行かない正月なんて何年ぶりだろう……」と呟いた。本当にここのところ年末・年始など関係なく海外遠征や行事、支部長会議の準備のために落ち着いて座っていた年はなかっただけに、元旦も2日も3日もずーっと家にいて休んだのは久々だった。

正月が明けて明日から稽古始めだという1月6日。何となく風邪っぽい気がして頻繁に鼻をかんでいたのだが、咳が出るわけじゃなく寒気もないし、そもそも癌治療の薬と心臓病の薬を飲んでいて、勝手に市販の風邪薬を飲むわけにはいかない。そんなわけで、ビタミンCの粉末を溶かして飲みながら布団で休んだのだが……。

7日になっても体がダルく、この日は稽古を休み、8日には通常通り朝礼をしようと思った。ところが翌8日は体が「ダルい」を通り越して寝返りも出来ないほどに動かない。

心配性の家内が早速病院に連絡したところ「すぐに来て下さい」とのことで、動かない体を亮汰と由美子にバンに押し込んでもらい1時間。意識が薄れるなかで「いよいよその日が来たのか」と思いつつ病院に着いた。

それからは医師に「ナニをします、カニをします」と言われてもボーッとしたままで、すべて家族任せで、ベッド上で「俎板の鯉」の心境だった。

体温が39・5度、血圧が50あまりという数字が出た。これでは動けないのも当然だ。テレビで流行りの医療ドラマでの、死を前にした患者の血圧はどれ位だったのだろう……などと考えていた。

半年前の7月にいきなりステージ4（＝所謂〝末期患者〟）と宣言され（手術をするには手遅れだから、と）薬物治療が始まったわけだが、それまでは、私は模範的な健康意識人間で、掛かりつけの病院で3ヶ月ごとに受けていた血液検査では、体温が36度、血圧が110から120前後で、肝臓も腎臓も胃も、状態を示す血液検査の数値は理想的だと言われていた。弟子には「俺たちは体が資本なんだから手軽に出来る血液検査くらいはしろよ！」と自慢していたのに……。

腫瘍内科の専門医には「通常の〝血液検査〟では隠れてる癌まではみつけらません。CTや胃カメラで撮影しないと」と言われ「そう言われても、私たちのような零細企業の社長みたいな者は時間を取れないし費用だってバカにならないですよ」と返したが……。

何月何日と受診日を指定されてしまうので日程を合わせるのが難しいとはいえ、区など自治体の高齢者向けの診療を無理してでも受診していれば、私のようにバッターボックスに立った瞬間に「あなたは既にアウトです！」と言われる確率は減らせるのだろう。

閑話休題。幸い、そこで「ジ・エンド」とはならなかったものの、1週間程度の入院となった。夕方6時から、氷枕で頭と両脇の3ヶ所を冷やし、就寝の際は高い位置に足を上げておく。寝心地の悪い体勢に耐え、何度も目を覚ましながら「『まだその日では無いぞ』と神様が言ってくれてるんだな」と手を合わせて、次の日を迎える日々だった。

……と、ここまでは、発症から2021年1月の入院に至るまでの経緯をまとめたが、ここからの闘病生活については、入院中に書いている日記の内容をそのまま原稿としたい。

2021年1月9日(土)

食欲がまったく湧かず、牛乳だけ飲んで「昼からはお粥にしましょう」と言われ「それが良いなぁ」とホッとしていたところ、腫瘍内科で最初に診てくれた部長さんが問診に来て「出された食事は完食するようにしないと点滴は外せませんよ」と宣(のたま）われた。私は血管が細いのか、点滴の注射針がなかなか入らず大抵2〜3回は調整を要し、多い時には5回も刺し直されていたから「私にとっては〝点滴〟じゃなく〝天敵〟だ」と冗談まじりにこぼしていたほどだったので、この言葉には凹んだが、同じくステージ4から生還した元フジテレビの笠井（伸輔）氏が「食うのも戦いだ！」だと言って闘いに勝ったのだから「アナウンサーに武道家が負けてどうする！」と変な論法を思い浮かべ「食うぞ！　俺は空（食う）道の親方じゃないか！」などといつもの親父ギャグで気を引き締めた。

そんな訳で昼飯は塩や醤油の味のしない、ムカつく匂いばかりがする病院食を睨みつけながら…あるいは逆に目を瞑って、美味い不味いは考えないようにして掻き込むのだった。そんな努力の成果もあってか、夕方には、体温は37・6度まで下がり、血圧は100まで上がり、ホッとした。

一方で、コロナウィルス感染に警戒を要する時期でもあったのでPCR検査をしたところ「陰性だが胸に小さな影があるのでもう一度検査をしましょう」ということになり、朝イチで検査棒で口の中を擦って、その後に更にレントゲン撮影をした。これも幸い陰性だということで「多人数が集まり接触する場で行う仕事をしているからには、罹患の可能性は高いだろうな」と密かにしていた心配からも解放され、家族全員で安心した。

その後、ようやく正式にベッドから起き上がることを許された。自分の体をチューブなしで支配できるという全能感、そして人類を地球上の生物の頂点に押し上げた能力……〝歩く〟という行為が出来る有り難みを、改めてしみじみと噛みしめた。

夕方に看護師が「私はこれで失礼します。明日は別な人達が付くので」と挨拶にきた。何人もの看護師が色々な世話をしてくれていたので「俺には何人就いているの？」と訊いたところ「交替で約10名です」とのこと。「それじゃあ新聞でみる記事の通り、看護師さんは足りなくて当然だねぇ」と言ったなら「年中人手不足です」ときた。「大変な仕事だなぁ」と他人事ながら同情し「看護師に煩い注文はしないようにせねば」と気を引き締めた。

２０２１年１月10日（日）

前夜はパソコンの接続を試みたが、看護師から「今日は日曜日だからＷｉＦｉが繋がらなくて連休明けの12日からは流れます」ときた。それでは仕事にならないので、苦手な携帯と繋ぐ作業を（テザリングと言うらしい）をしたのだがやはりうまくいかず、12時頃に諦めて寝た。「今、寝たら2時か3時には目が覚めてしまうかな」と思ったら、案の定、目が覚めて時計をみたら3時だった。もう一度横になれば寝られるかなと思ったが、色んなことが頭に浮かんできてやはり無理で、発売と同時に買い込んで積読していた本や週刊誌（約20冊）を、まずは流し読みして7時に朝食。体が怠い昼に読書を続けつつ、起きたり寝たりした。

2021年1月11日（月＝祝）

今日は祝日だから病院自体が静かだ。家族が午前11時頃、入院中に役に立つ物品を届けがてら見舞いに来たが、コロナウィルス感染対策のため、面会は一切ダメということで、まったくよい迷惑だ。そこで、人を介してパソコンに詳しい亮汰にPCを渡したところ、30分も掛からず携帯経由でのインターネット接続ができた。「今の若者は俺たちアナログ世代とは違う人種だなぁ」とつくづく思う。

インターネット接続により、国内外からの様々な分野のメールが数日分入ってきたので、昼食を挟んでその処理に追われ、片づけ終えたのが夕方の5時頃。次に入院に伴うドタバタで読めなかった数日分の新聞の整理をしている間に夕飯が運ばれてきて、根性で完食したのが5時半。あらためてコロナウィルス関連の記事に目を通しながら「これから生きる世代はどういう世界に生きて行くのだろう」と、つくづく思った。

7時からは、積読書の山から最も興味のあった『三島由紀夫の死と私』（西尾幹二）という書籍を開いた。氏の専門はドイツ文学だが、近・現代の社会的事象への硬派な論評も多く、私が驚いたのは現皇后が心の病で公的行事などに参加しない時に退位を諫言し、皇室論をタブー視した言論界で敢えて論争のきっかけを作ったり「外国人労働者受け入れ問題は文化の破壊に繋がる」として反対派の論陣を張ったりしたことだ。硬派の言論人である。

この書籍を読んでいると、自ずと、三島由紀夫氏のことを知ったことから現在まで連なっている人生の過程を思い起こすこととなった。

三島由紀夫氏の〝盾の会〟について、私の小さな関わりは様々な機会に触れているが、70年安保闘争時代、70年安保の熱に煽られ、宮城県は気仙沼高校に通う高校生ながら「盾の会に入隊したい」と手紙を書いたところ「東京の大学生でないとだめ」との返信をもらった。

かと言って大学に入る金もないし、どうしようか？　と考えた結果「いったん自衛隊に入って上京し自衛隊の退職金で大学に入ろう」と、宮城県の多賀城駐屯地で自衛隊に入隊し、新兵教育後に東京の練馬駐屯地に無理やり転属させてもらった。

半年後、静岡県駒門の駐屯地で大型自動車免許取得のために訓練を受けていた1970年（昭和45年）11月25日、忘れもしない、ちょうど午前の訓練が終わって、隊舎から食堂に向かおうとした午前11時半頃、突然「ただいま、三島由紀夫氏が市ヶ谷自衛隊総監室において……」というニュースをがなる声が大型スピーカーから流れた。何が起こったのかすぐには分らなかったが、三島由紀夫がとうとう何か重大なことをしでかしたんだということだけは感じて体が硬直し、しかし現在の自分の状況を考えるとあまりに遠い世界での話のような気がして、呆然と立ち竦《すく》んでいた覚えがある。

何らかの経緯で一年早く東京に出ていたなら、あの事件との接点はあったはずだと思う。とはいえ、その頃はすでに社会に出て2年が経っていて将来の不安等も覚え、自分の意思を通すことの大変さ、自分で生きることの重さを感じ、世間知もそれなりに生まれていたから、一直線に盾の会に入りはしなかったか……そんなことを今更ながら考えた。

その後、自衛隊の退職金で早稲田大学の第二文学部には入ったが、学生運動のピークは過ぎていたし、新興宗教の活動に誘われもしたが、子供じみて思えて、とても信じるような気にはなれなかった。目標もないままに、いわゆる〝ノンポリ学生〟の真似事をし、教職単位の取得も着々と進めていたが、生活費は日中1日8時間のバイトで稼いでいたから、学費や生活費を仕送りしてもらっていて日中を遊びのためのバイトや図書館での勉強などに充てられる本物の〝ノンポリ学生〟とは圧倒的な自由時間の差があり、彼らに対抗出来るだけの〝本格的な何か〟が欲しかった。田舎で大騒ぎをして出てきたエネルギーを持て余していたのだ。

それで極真の機関誌に載っていた「アメリカで空手を（夕方から）教えて週給200ドル！」という広告を目にして「よし！　これなら好きな空手も継続できるし生活費も賄える。本格的な勉強はアメリカに渡ってからだ」と、派遣条件である極真全日本大会ベスト8を目指し、一日中空手に没頭すべく、総本部の指導員となり、大学にはほとんど通わなくなり……そんな経緯を久々に思い起こしていた。

午後11時半就寝、午前2時に起きたが、珍しく再び眠りにつけそうだったので、再度横になる。3時に起きて作文開始と思ったが、UAEのドバイからメールが入り、ビデオ審査を2時間ほどして5時頃再度就寝した。

2021年1月12日(火)

6時に起きたが何か体が軽く、トイレにもサッと行けた。お、これは回復傾向にあるんだなと思い嬉しいスタートだった。さらには今日からは点滴の量が減ったので基本、何本も身体に針を繋がれなくて済むから、そういう意味でも気分爽快である。

ところが一方、手の震えが止まらず、押すべきところではないキーボードを勝手に指が叩いてしまうから、パソコン作業が思うに進まず、一方で、全身のむくみが酷く身体が重い。脚などは現役時代と変わらないくらい太くなり、腹が相撲取りか妊婦のように見事にプックリ膨れ、肌が張ってテカテカしている。

体重は89kgと最近、両半月板のない膝に負担をかけないようにと、減量して80前後まで落としたにも関わらず簡単にリバウンドしていた（泣）。体温は36度台の平熱だったり37度、28度と平気で乱高下する、血圧は一時100台に戻ったのだがこれも気紛れのように70台~90台と一定しない。血圧はもともと110~130以下と低いからあまり驚かないとはいえ、体重、体温の高止まりは気になる。

そんなこんなで今日は体が怠くてすぐに眠気が襲ってきてタイピングしつつ眠るので、ハッと目が覚めると「rrrr」とか「mmmm」が画面に並んでいたりして、仕事にならない。しょうがないから寝て続きを考えようと横になると即爆睡するのだが、あらぬ夢（大概は闘いの夢、起きる直前は必ず追い詰められて息が苦しくなる）をみては目を覚ますことの繰り返しだ。

目が覚めると夢の内容はあまり思い出せないのだが、唯一ハッキリ覚えていたのは、私が何かの試験に受かったらしく、喜んで家に帰るのだが「でも、家に帰っても誰もいないしなぁ……」と何にも期待しないで通りの角を曲がったら、なんと家族や親戚が大勢「万歳！　万歳‼‼」と出迎えてくれた……という夢だった。この時の目覚めはいわゆる〝多幸感〟に充たされた感じで、暫くは幸せな気分で一杯だった。

大学合格や極真会での全日本大会優勝といったそれなりに賞賛されるべき時、実家へ知らせて喜ばれはしたものの、電話では接触感がないから熱が伝わらない（よく人間の育て方で、人と触れ合うこと……スキンシップが大事というがまさにそれである）。一人暮らしのアパートに帰ってもビールでの乾杯を一人ゴチるくらいで、周りには誰もいないから少し虚しいものにしかならない。そういった体験が潜在的な願望となって、出てきたのだろうか。

あるいは、たまに家内が「私たちは人を賞賛、表彰したことはあるけれども、一回もその逆はないわね～」と大会や周年記念の準備をしたときにため息交じりでチラッと漏らした時「バカ、俺たちは言い出しっぺなんだから、協力してくれてる弟子や多くの後援者の方々を称賛することはあっても、その逆はないんだよ！」と諭していたが、やはり心の底には「そうだよなぁ」という思いがあったからなのか？（苦笑）

そんな感じで今日はゴロゴロしているだけで終わってしまい、夕食後の午後7時過ぎには横になったなら爆睡。何時頃か「東さん、東さん、薬を飲む時間ですよ」と看護師に起こされた。朝かと思い、「カーテン明けてくれる？」と言ったなら怪訝そうな顔をして「カーテンを？」と言いながら明けたなら外は真っ暗、時計を見ながら「あ、まだ夜の9時か……」と、しかし、何か少しでも仕事ができるかも？　とホッとしたものだった。

そんな訳で、夜の9時半頃から書き足したり修正したりで今は深夜の2時半。文章を弄《いじく》ってると時間の進み具合が早い早い。あっという間に5時間が過ぎていた。もっとも前述したように指が思うように動かないから、時間の割に出来上がる文章は極めて少量なのだが（泣）。夜番の担当医が「まだ電気が点いているけど大丈夫？」と覗き込むので「さっきずいぶん寝たから」と答えると、苦笑いをしていた。

堅い本を読むと眠くなるから『三島由紀夫の死と私』を読み足すことにした。

２０２１年1月13日（水）

今日は前の晩（朝）4時半頃寝たから、看護師が起こしに来る6時にはまだ寝ぼけ眼（まなこ）だろうな、と思っていたが、5時半頃、自分ですっきり起きた。顔を洗ってさあ執筆の続きだ。7時までキーを叩いた後、7時半朝食。10時から12時まで再び執筆。12時に食事を済ませて横になり14時～17時半までさらに執筆。

医師が来て「足のむくみをもう一度検査したいので、明日造影剤を使ってＣＴ撮影を」と告げられる。「何でも良いからちゃんと直して欲しい。それと今回の症状の原因と今後の見込みを教えてほしい」と言ったら初めて「インフルエンザに似た風邪でウィルスが肺に入り症状を起こしたけど、もうほぼ完治しました」とのこと。確かに先週は風邪っぽくてずっと鼻をかんでいたので、言われれば納得というところ。それにしてもたかが風邪でもがん治療中となればバカには出来ないということか。

午後6時半夕食。7時半には、横になる。8時、看護師に起こされ点滴。そのまま起きて執筆と思ったが右手に点滴を刺していてタイピングできないので、本読み。24

時まで没頭して寝る。夜中の2時に〝起床〟（という言葉もそぐわないが笑）し、執筆。6時、抗生剤の点滴と体温、血圧のチェック。

昨日から「体重は自分で測って」ということで共同スペースまで歩いて行って計ったところ、なんと92・8kg!! 衣類の重さを1キロと見込んで差し引いても91・8kg。この5日間で10kgの増加だ！ 病院食を摂っているのだから普通なら減るはずなのに増加するとは!! すべてこの浮腫みが原因なのだろう。何とかならないものか。

2021年1月15日（金）

風邪の症状が治まったので、いったん4日ほど退院するが、足の浮腫みが半端じゃないので再び通院。担当医が「浮腫みで点滴がしづらくなってるので点滴をしやすくするためのVポートを右胸に埋め込む手術をして、それが終わって再来週（25日）から浮腫みの治療に入りましょう」と言うから「なるべく早めに！」と頼んで22日からの治療にしてもらった。

朝、胸水を試験的にとって治療方法を決めるためとのことで、入院室で付属の机に上半身うつ伏せになって胸水を抜いてもらった。これがあるからチョッと動いても息苦しいのだし、腹水があるからちょっと食べ物を腹に入れても膨満感で半日動けない。初め3㎝の針で刺したのだが、届かなくて5㎝でようやく届いて1000cc胸水を抜いた。これだけでも大分息が楽になった。夕方には検査結果が分かり、やはり肝臓がんの影響があるらしく薬物療法で〝叩く〟しかないでしょうとのこと。

帰宅して家にいた4日間は今回の「はみだし三部作め」の追記と、撮り溜めておいたBS番組の編集（余計なコマーシャルや番宣などのカット）と編集の終わった番組の鑑賞をしていた。地上波は「麒麟がくる」以外はほとんど見ないが、BS放送には、歴史、政治、経済、環境……と、日頃の勉強不足を補うために知っておかなければならない情報が犇《ひし》めいている。

もちろん、その合間には闘争の血を湧き立たせる「ゴッドファーザー」とか「仁義なき戦い」にはじまり、「戦争と平和」「愛と喝采の日々」「ベン・ハー」「カラマーゾフの兄弟」「砂の器」や「鉄道員（ぽっぽや）」、さらに「ゴースト」、「ミリオンダラー・ベイビー」まで、全編の鑑賞でなく、クライマックスシーンの見流しだけでも、楽しめた。飽きないものである。

2021年1月18日（月）

今日からは入院ではなく通院だから気が楽だと思ったがなかなかヘビーな一日だった。初めは15日のように、腹水を試験的に採ってという心算だったがここでも腹水の膜が5㎝ほどで厚くてなかなか通らないということが分かり「諦めて薬物療法に賭けましょう」ということになった。

午前10時から簡単な説明を受けて12時からは薬物療法として、抗生剤から始まって、腹水対策で使われるものなど6種類の点滴。その間は様々な幻聴を聴かされ、幻想を見させられた。

機械音の音楽や〝SFX〟で慣らされている若い人には苦痛じゃないのかもしれないが、オールディーズ的な音楽や映画に〝心安らぐ〟世代としてはこの幻聴幻想の4

時間は〝地獄〟でしかなかった。ひたすら「違う！　違う！　そうじゃないだろう！おかしいだろう!!」という思いと戦っていた。

……ここまでが入院、通院を重ねるなかで綴った日記なのだが、ここでいったん、日記は途絶えているので、ここからの闘病記は、再び、整理してまとめることとする。

投薬を了承した私は1月22日に入院したのだが、投薬後は高熱にうなされ、医師や薬剤師の問いかけにも答えられず、食事もほとんど取らず、エネルギー補給を点滴で済ませ、ただひたすら寝転がっていたそうだ。

その後、意識が回復するまでの日々、私に携わった看護師や薬剤師、理学療法士は数十人にのぼるらしい。その彼らのうちの何人かに聞いても「私がお世話した時には全く意識がなくてグターッとしてましたよ」とか「何か言ってたけど意味が解らなかったです」「意識もハッキリして言葉も明瞭でした」とまさに百家繚乱である。

脱毛が止まらないので思い切って全部毟《むし》り取ろうとしたら、看護師が「あとあと、毛根のダメージに繋がるから優しく梳くだけにした方が良いですよ」と止められた。

それで、家族が来るのを待って、少なくなった髪を整えてもらった。アズマ入道誕生‼　でも性格の温厚さが表出するためか（プ‼）、自画自賛だが、意外と童顔っぽくってなかなかだ。逆に頭巾を被ると、ただのゲンコツ頭で格好悪い。

意識が明瞭になってから数日を経て、やっと忙しい主治医の時間を一時間ほどもらって、また毎日の体温や血圧を大学ノートに克明に記録していた妻にもあらためて「どうして1月22日に化学療法（薬物治療）と手術の目的で入院したはずの私が、今は投薬すらせずに意味のない入院を続けているか？」訊いてみたら……。

なんと私は一歩間違っていたら〝あっちの世界〟へ行っていたらしい‼

その後の説明により、投薬後の私の状態を見た医師が、癌の強さと私の体力とを鑑みて「この投薬を続けていく危険性とそれを克服する時間のロスを考えたなら、投薬を止め〝終末ケア〟に切り替え、残る時間（余生！）を今後、残される組織の点検や充実に使ったほうが〝有意義〟ではないか」との結論に達したことが理解できた。

要は「癌の克服は無理だから、諦めて〝豊かな〟人生の終末を選びましょう」という〝死刑宣告〟にも似たアドバイスである。

具体的な余命を聞いたなら「短くて1ヶ月、長くて3ヶ月」とのこと。癌宣告を聞いた時にも似た〝理不尽〟で〝非情〟な現実である。

ところが、その宣告を聞いた本人（私）は、例によって〝他人事〟のような感情しか起きてこない。それは前回初めての癌宣告時、娘に言われた時のような、〝自己中〟とも違う「俺はここでは死なないな」（ま、かなりな癌患者がそう言って死んで行くのかも知れないが）という根拠のない〝自信〟というか〝思い込み〟があるからである。

今までの人生でも、死んでもおかしくない〝危ない局面〟が何度かあった。それでも、完全な理想通りにはならなかったとはいえ、大体思い描いた通りに落ち着いたから、そんな感覚があるのだろう。


とはいえ、この頃から、周りの雰囲気がそんな方向（私の死）を漂わせているのを感じて、自分自身、〝死〟について、あらためて考え始めた。

あらためて……と記すのは、私の〝死生観〟は、50年以上前、高校時代に書き記したなかで、すでに固まっていたからだ。

「人間は細胞、分子、原子と遡ってゆくと、究極はエネルギーで出来ていて、死とは

［闘病、そしてその後］

ときに、孫、竣仁《たかと》が気遣って本を読んでくれた（読めないのだが）

2021年1月6日、師・大山倍達（極真空手創始者）の墓参りに護国寺へ。この翌日に体調を再び崩し、入院生活に入った

2021年3月26日、最後の“抱っこ”。この7日後、4月3日14時35分に、胃癌により逝去。享年72歳（数え年）

2020年7月に癌がみつかってから3～4カ月後。東京ディズニーランドへ

2020年暮れ。最後のお酒。これ以降、断酒生活へ

療養中も、組織運営のため、パソコンと向かい続けた

2021年4月7日、通夜

2021年4月8日、告別式。コロナ問題への配慮もあり、親族および近親者のみで雑司ヶ谷の葬儀場にて、しめやかに営まれた

2021年5月9日、2代目塾長・長田賢一(中央)のもと開催された全日本選手権(体力別大会)。各カテゴリーの優勝・準優勝者たちが遺影とともに

これらの有機体の相互の連携が停止して、エネルギーに還る化学反応である」という考えに至っていたから、幽霊や来世といった生死に関わる論争が始まるとこの論で「エネルギーが生前の形を作れば〝いる〟〝ある〟と言えるし、形作らなければ〝いない〟〝ない〟ということになる」と一本調子で主張を通してきた。

これは中学の物理の授業でも習う「エネルギー不滅の法則」に従えば「一旦宇宙に存在したエネルギーはその形態を変えても決して消滅はしない」ということが基本中の基本であるわけだから……と、私は「魂の不滅」を信じて、来世に繋がる〝正しい生き方〟をしようと思ってきたのだ。

ところがこの主張は、その後、立花隆氏（※）が『脳死』『脳死再論』などの著書の中で述べた「いったん分子、原子、エネルギーとなったものはエネルギーとしては残るが、有機体としては残らない」という〝千の風〟の歌詞（※）のような理論によって粉砕されてしまった（もっとも私の中で粉砕されただけであって、立花氏本人は輪廻転生的な思想を否定するようなつもりで述べたわけではなかったのだろうが）。

※１９７０年代、日本の政財界で絶対的な権力を誇っていた、田中角栄首相の力の源泉である経済力の蓄積方法を追求し、遂に田中内閣退陣に追い込んだ日本政治の歴史的著書『田中角栄研究』で日本評論界に燦然たる名を残した著述家。

※私のお墓の前で　泣かないでください。
そこに私はいません　眠ってなんかいません
千の風に　千の風になって　あの大きな空を　吹きわたっています
秋には光になって　畑にふりそそぐ
冬はダイヤのように　きらめく雪になる
朝は鳥になって　あなたを目覚めさせる
夜は星になって　あなたを見守る

この立花氏の理論に打ちのめされたのは１９８６年頃、大道塾が発足して5年、支部が全国に広がり、仙台から東京に運営の拠点を移した頃のことだった。

……自衛隊、学生、極真空手の指導員を経て１９７０年代後半に東京から仙台へ戻ったとき、交通事故に遭って床に伏していた親父は、末の息子（私）が、地元議員の〝カバン持ち〟をすると聞いて「ようやくまともな職に就いて十分な給与が出るようだ」とホッとしていたらしい。それなのに、私は「負けた」とされている相手への〝リベンジ〟の気持ちが勝り、練習相手欲しさから、極真の看板を上げて仙台に空手場を開いて職業空手家になってしまい、さらには〝極真ルール〟自体への疑問から、独立して大道塾を立ち上げ、〝武道〟として「社会を背負ってゆく立派な社会人」を育てるための〝塾〟を志したつもりだったのに「UWF」や「グローブ競技」のブームに巻き込まれ、仙台からでは組織のコントロールが十分に利かない……ということで、家内と、長男正哲《まさあき》（1980年生）と長女由美子《ゆみこ》（1983年生）を連れて再び喧騒の街にやってきた……そんな頃のことである。

とても〝死生観〟だの〝魂は不滅なのではないか〟だのと考えている時間はなかったので、立花氏の「エネルギーは残るが有機体としては残らない」という甚だ寂しい結論に反論を考えることもなきまま、年月を過ごしてきたのだが、この2ヶ月の間に意識不明から生還する経験を2度繰り返しても、三途の川が目の前に現れることも、あの世からの声を聞くことも、〝臨死体験〟も〝体外離脱〟も何もこの身に起きなかったことは、立花氏の「エネルギーは集合体としては残らない」ということの傍証だろうか……とあらためて思ったりもした。

しかし、そういった考えに至ってもなお「いったん分子、原子、エネルギーとなったものはエネルギーとしては残るが、集合体として残らないことを〝理性〟で理解していても、自然に湧き起こる人間の感情を無視せず生きた方が豊かに生きられるのではないか」という思いが沸き上がってきた。そして「人は死ねば現生での生は終わるが、後進に何か（目標、記録、遺産、言葉……）を残すことはできる」という実感も。

死の宣告をなされ、長い時間の葛藤の末に諦めの境地に至り、死の受け入れ時を知った者にとって、奇跡の邂逅への〝羨望〟は「な〜に、また会ええるさ」という物理（科学）的現象とは何かが違うのだ。

先述の高倉健主演の「鉄道員（ぽっぽや）」のハイライトは、今はこの世にいない娘、雪子が近所の子供の姿を借りて親の前に姿をみせるとき「お父さんがおっかながるといけないと思って……」と言うと「たとえ死んだ子でも自分の子供をおっかながる親がどこにいるっぺ」と答えるシーンである。私と家内は、このシーンを観てオイオイと泣いてしまった。

ときに「息子さんが死んで20年も経つのに……」と言われることがあるが、こう答えたい。「この映画の中の〝雪子〟のように病気で亡くしてすら、親は子のことを何十年も想い続けるのだ。ましてや〝曖昧なかたち〟で亡くした子だったら、親の想いが薄くなっていくことなどあろうはずもない」と。

今あなたの傍《かたわら》にいる、その子が、ある日、突然、一言も発しない冷たい〝骸《むくろ》〟となって横たわった姿で目の前に現れたときのことを想像して欲しい。

しばしば著名人がテレビや雑誌等のインタビューなどで「人間は死んだら何にも残らないんだよ。無なんだよ」としたり顔で言い放って悦に入っている場面を目にするが、自分の生きた数十年への感謝や、森羅万象への畏敬の念があれば、自然に別の感情が起こってくるものではないだろうか？

私は正哲に聞いてみたいのだ。「お前、向こうへ行ってから、俺の20年をどう見てた？　お父さんは頑張ったと思うか？」と。

息子が「頑張ったよ。だからもう楽にしていいよ。コッチに来てまた俺と練習しようよ」と言うか、「もう少し頑張ってよ」と言うかは分からないが、私の答えは決まっている。

「オレにはお前と同じように思っている〝子供〟が世界中にいる。〝空道〟をもう少し形あるものにしないと、残されたその〝子供〟たちが途方に暮れてしまう。お前が逝って20年になるが、どうあれ、あと20年コッチにいることはないだろうから、確実にお前に近づいている。今すぐお前と会う喜びも欲しいが、それでは、由美子の言葉ではないが無責任だろう。……な、もう少し待ってくれ」

退院して2週間。私は今二つの〝生〟を生きている。

この先を見つめ、昼は組織改変に取り組んで、夕方からは体力回復に汗を流す〝現実感溢れる生〟と、目には見えないが確実に数値で侵攻（進行）を止めない、残り1～2ヶ月と言われた〝絶望的な生〟を。

その狭間に立ち、何メートルか下の地獄を見ながら綱渡りするような、なかなかに興趣溢れる毎日である……と記したなら、やせ我慢と捉えられるだろうか？

確かに、宣告を受けて以来、時には、前者の生を生きている気持ちの中に、後者の生が顔を出し「今やっていることは、間違っていないだろうか」とか「間に合うんだろうか」「もっと時間が欲しかったな」という不安や恐れの感情が集中を妨げる。

現在3月10日だが、2ヶ月……いや1ヶ月先の4月10日には「間違っていなかったか」は、みんなが知ることだろう。ましてや、数ヶ月か先にこの原稿を書籍の1ページとして読む皆さんは。

◎

そんなこんなで余命1～3ヶ月の日々……いかなる治療も出来ない（外科手術、放射線治療、薬物治療）ので後は「静かに豊かな余生を楽しむ積りで生活しなさい」という意味の〝緩和ケア〟なるものを受ける日々……を過ごしている私だが、実は先月2月11日にはちょっとした展開があった。

死を待つばかりの私の身体に対し、自分のペースで練習したり本を読んだり、という気儘な日常が合ったのか「日に日に病状がよくなっているので、もう一度ＣＴを撮って投薬に耐えられるか検討してみましょう」と言われるまでになったのだ！

「病院から生きて帰ることはないだろう」「退院しても歩くことは出来ないだろう」とまで言われた人間にしては奇跡的な回復である。医師の話では「生命力が強いんでしょうね」とのこと。

私自身は、現役時代、一日8時間の練習を継続できなくて、7時間程度の鍛錬でも朝方咳き込んで目が覚めてしまった経験などから「それほど生命力は強くない方だ」と思っていたが、案外、タフな方だったのか？　ただ、素人の勝手な推論ながら、何か人生に目的をもって生きるのと漫然と生きるのとでは、明日へのエネルギーは変わってくるに違いない、と信じている。

10年後に「余命2ヶ月と言われてから現在生存10年めです」と名乗ることを目指している愚生。

まだ、そのうちの2ヶ月をクリアしただけの今の状況では大きいことは何も言えないんだが……。

東孝、昭和24（1949）年5月22日生まれ、身長170㎝（選手時代173㎝）、体重88kg（選手時代83・5kg）、現在72歳、癌と奮闘中である！

第Ⅱ部・社会との闘い

——空道の20年。

1.「空手」でなく「空道」となった経緯　2000年～

「なんだ、俺たちは出られないのか……」

思い起こせば、あんちくしょうがそう言ったのが、はじまりだった。

極真空手で全日本王者となり、総合格闘技的な方向性を求めて、極真会館宮城支部・支部長の職を辞し、大道塾という団体、北斗旗空手道選手権という総合格闘技的なルールの大会を創始してから20年が経とうという頃のこと。

「出られない」のはオリンピック、あんちくしょうとは、私の息子、東正哲のことである。

2000年、8月。

世の中がシドニーオリンピックの話題で持ち切りになるなか、成人間近の息子が、何気なくだったのだろうが、そんな言葉を呟いたのだ。

当時は「空手をオリンピック種目に」という運動が盛んに行われ、一方で「2004年のアテネオリンピックで、古代オリンピックの種目であった総合格闘技（パンクラチオン）を、アテネが古代オリンピック発祥地であることにちなんで、種目復帰させられないか？」という動きもあった。ただ、そもそも空手がオリンピック種目になったとしても、その競技ルールはノンコンタクト・ルールになることは明白でいわば〝傍系〟の我々の競技の競技者が出場できる見込みはなかったし、総合格闘技の方に関していえば、実際に競技採用されれば、北斗旗ルールで闘っている選手が日本代表の座を射止める可能性もあったが、結局、競技採用が決まることはなかった。

そんな時代の流れの中で、連日、テレビで、新聞で、大々的に報じられるオリンピック競技と、創始者の息子ゆえに半ば本人の意思とは関係なく、当たり前のように取り組むことになったマイナー競技との違いを目の当たりにして、その言葉が口から洩れたのだろう。

その頃、私は充足感に満ちていた。

北斗旗は「格闘空手」というフレーズとともに、格闘技界において一定の立場を確立していたから、息子の呟きがひっかかりつつ、「もう53歳だし、このかたちのままいけばよいよなぁ。でも、こんなことを言われたら、空手という名称で活動しながら、実際には多くの人の認識する空手とは異なる競技を行っていくことに関して、自分の息子のみならず、これからの世代の子どもたちに対しても、ずっとウソをついていくことになるような……そんな後ろめたさも感じてしまうような。だけど、やっぱりやりたくないいな」といった思いを巡らせていた。

私には「空手」という言葉に「絶対にこの名称を変えたくない」というほどの愛着があったわけではない。

しかし、現実的なことをいえば、競技・組織の運営は、〝習いごと〟として道場に足を運ぶ少年・少女（の親）が収める月会費があってこそ、成り立っているのであり、なぜ、親が子どもを道場に通わせるのかといえば「空手」という名称が、礼儀正しさや清い心や正しい姿勢、心の強さといったものを身につけさせてくれる我が国固有の文化というイメージを纏っているからに他ならなかった。このブランドを冠しているからこそ、生徒は集まるのであり、あらたなジャンルの名称を名乗った場合「得体の知れないスポーツに我が子を預けるより安心できるところに託したい」と多くの親が思うであろうことは、たやすく想像できた。

だから、そんな棘の道を今さらまた選ぶのは……と躊躇したわけだが……。

我が息子が逝ったのは、その数日後のことだった。

２０００年８月24日。

ある日、突然、何の前触れもなく、不慮の事故で子どもを奪われた悲しみは筆舌に尽くしがたい。半年は「もう、武道の世界からは身を引こうかな。今後続けても、思い出ばかりが過ぎってしまうじゃないか……」といった思いを引き摺り、妻にぐずぐずと「どうしよう？」とばかり、こぼしていた。

しかし、ある瞬間「いや、待てよ。あの言葉は、正哲が体を張って遺してくれた道標なんじゃないか？　このまま退いちゃ、やっぱり駄目なんじゃないか？　オレはこの道を進むしかないんだ」という思いが生まれ、それからは何か凄い力をもらったかのように、急ピッチで、新たな競技名称の制定や、世界選手権の開催準備といった作業を進めていったのだった。

２００1年2月4日には「大道塾定例全国運営会議」にて、その年の秋に、北斗旗ルールの世界選手権を「空道」という新たな競技名のもとで開催することを宣言。

空道というネーミングは「空」という語が「くう・から＝何もないこと」や「そら＝ＳＫＹ」といった表面的な解釈の奥に「自由」や「永遠」や「無限のひろがり」

といったニュアンスを含みもつことから「物欲や唯我独尊的な思考に囚われず、自由な心をもつことで、無限のひろがりへの到達を目指す道程」という意味を込めて、「空」に至る「道」としたものだ。

そもそも「空手界にはいろんな流派があって、それぞれが〝全日本大会〟を開くから権威がないのであって、本当は、空手の全日本大会として開催される大会は1つのみであるべき」という思いから、考案した独自ルールの大会を〝全日本〟と名乗ることはせず、代わりに〝北斗旗〟という称号を冠し〝北斗旗空手道選手権〟として、20年に渡り開催してきた経緯があった。

さらに、空手のオリンピック種目入りが現実味を帯びる段階となったなかで「空手界の競技ルール・組織が統一化されていないことが採用を阻むものとなるのであれば、空手を名乗った新たな世界大会を開くことで足を引っ張るようなことはしたくない」という思いも、確かにあった。

それでも「空手」というブランドを捨てるには躊躇いがあったのだが、息子の遺した言葉が背中を押してくれたわけだ。

このような半ば私的な事情に後押しされて競技名称を変更することは、公的な組織の私物化に近い行為ではないか？　という自責の念もあった。しかし、ほとんどの大道塾・各支部の支部長たちは、空手というネーミングでなければ少年部の入門者が減る→生活にかかわる問題となる……ことが想定できたにもかかわらず、この冒険についてきてくれた。

一方で「私はあくまで『空手』の名のもとに、自分の修行、生徒の指導を行っていきたいです」と、組織を離れていく大道塾支部長もいた。支部長となる年齢の者であれば、多くは、家族を養う責任を負っているのだ。その気持ちを「おかしい」とか「間違っている」などと否定するつもりはなかった。去っていったときには、それまで共に歩んでくれたことに対する感謝だけがあった。ただ、時を経て、今、あらたに言葉を交わす機会があったとしたら「どうだ？　空道の名でオレはしっかりと、新たなジャンルの武道を定着させたぞ！」と誇りたい気はする。

半ば独断で決めてしまった空道というネーミングだが、宮本武蔵が遺したといわれる格言「空を道とし、道を空とみる（何事にもとらわれない心を自分の道として、自分の道を迷わず進んでいく）」だとか『般若心経』に含まれる概念「色即是空（世界のすべては実体がなく、それゆえ苦しみも存在しない）」にも通じ「あらゆるものをこだわらず受け入れていく」ことを指し示すよきブランド名だとは思っている。

一方で、時間の経過によって、その言葉に相応しくない面が生じてきたならば、歴史や親しみに縛られずにネーミングを変化させていくことも、もちろん大切なことだ。今後、北斗旗というブランディングも、それが「全日本（空手道）選手権」と称さない代わりにつけた冠であったならば、「全日本（空道）選手権」と称するようになった今は、もはや不要なのかもしれないし、「空道」という競技名だって、私が「いい名前だ！」と思うに至った理由の数以上に、マイナス材料が露呈したならば、変更することはありえるだろう。

人間、何か「これがよい」と思い込むと、そのメリットばかりが思い浮かぶものだが、思いもよらぬデメリットが、後から発覚したりするものである。ひらがなで「くうどう」と打ち込んで変換ボタンを押せば、まず「空洞」というネガティブな語に置き換えられてしまうし、大会会場の予約なりで「空道」と書類に書いて提出しても、しばしば先方は「空手道」の書き間違いと認識して受理してしまう……関係者なら苦い思いをした経験があるかもしれない。空手として20年、空道として20年は活動したわけだから、今後、再び名称変更したとして「またそんなにすぐにコロコロと……」

というほどの軽薄さではないだろう。

ただ、海外では、そんな障害はなくKUDOの名は浸透しているのだし、浸透したブランド名を変えた場合、書類やら看板やらの変更に際し、運営面でも大変な経費と労力が掛かるのだろうから、それほどの理由がないかぎりは、このままでいいのかなとも思っている。

現状、「空道」とはなにか？　を説明するには「総合武道」というジャンル名称を用いることが多い。

私には「格闘技」という語に、プロレスを含むショー的なものを含むイメージがあり「ただ強けりゃいい」というものだと思われることを避けるためにも「道」という語を冠したかった。それで、単なる「着衣の総合格闘技」でなく、武道であることを強調するには、この「総合武道」が、シンプルで分かりやすいかな、とも思ったのだが、これに対しても、また「一般の人にとって、武道といえば、柔道、空手、合気道などに加えて、剣道、弓道、なぎなたなど、刀剣を扱うものも該当するので、総合的な武道といえば、突き・蹴り・投げ・寝技に加えて武器術も行うものをイメージされがちです」といった声もある。かといって、正確を期すために「徒手総合武道」「着衣徒手総合武道」といった説明にしたら、もはやシンプルでないとか、堅苦しいとか、徒手という言葉が古めかしく分かりづらい……という気もする。果たして、どこでバランスをとるべきか？

このあたりの課題をどうするかは、無責任にも、次世代にお任せする（苦笑）として「極真会から独立して生まれたなかで、ほとんどの組織が『極真』もしくは『空手』というネーミングを残すことでブランド力を保っているなかで、『空手』でも『極真』でもなく、あらたな競技として世界に広まったものは、空道をおいて他にはない」という言われ方をしばしばされるところまで競技を構築した点については、誇りに思ってはいる。

2．世界選手権　2001年〜

こうしてスタートした空道、2001年2月4日に開催の宣言をしてから8ヶ月後の11月17日に「第1回世界選手権」が実現したのは、今になって、何か強い想いに衝き動かされていなければ成し得なかったことのように思う。

なにしろ、開催直前の9月11日には、あの同時多発テロが起こり、各国の出入国に関し、厳重なテロ対策が敷かれるようになった結果、多くの国の選手の渡航に影響が見込まれ、大会を中止すべきではないか、という声も高まっていたのだ。

本当に海外から選手たちはやってくるのだろうか？　もし、欠場ばかりとなったら……。でも、やるしかないんだ！　葛藤の日々を経ての強行開催、果たして、国立代々木競技場・第2体育館のマットの上には、20ヶ国の選手が駆け上がってきた。

その時点で、私は満足していた。大きな企業や国家が資金を投じての招致を行ったならまだしも、そのような後ろ盾がない状況下、インターネットなどを通じ「こんなコンセプトの競技、こんなルールの大会がTOKYOであるぞ」と情報を得ただけで、あの緊迫した国際社会情勢の中で、世界のさまざまな地域から、選手たちは、やってきたのだ。

やはり、私の考えた「着衣の徒手総合武道競技」というコンセプト、ルールにおける「実戦性と安全性と大衆性」のバランスは、世界の人々に賛同してもらえるものだった……そう感じるだけで、すでに感無量だったわけである。

そして結果は、－230クラスで小川英樹がシニューチン・デニス（ロシア）を、－240クラスで高田久嗣がダシャエフ・ベスラン（ロシア）を、－260クラスで藤松泰道がステファン・タピラッツ（インドネシア）を決勝で下し、日本が3階級を制覇。残る2階級はロシアが制したが、なんとかギリギリで、日本が競技発祥国・大会主催国としての面目を保ったかたちとなった。

ロシアの選手が優勝した2階級も、決勝の相手は稲垣拓一（260＋クラス）と、日本在住でその後、帰化したアレクセイ・コノネンコ（－250クラス）だったわけで、つまりはすべての決勝が日本vs海外で、そのうち3つを日本が勝ち、2つをロシアが奪い、日本の3つの勝利のうち2つが一本勝ち（小川の襟絞めと、藤松の腕十字）という、私にとっては内心ヒヤヒヤしっぱなしの、観ていた観客の方はおおいに興奮したであろう結末。

この2001年11月17日をもって、大道塾創始以来20年……その中でも特に、グローブ着用競技や無着衣総合格闘技、あるいは様々なルールの空手競技との、比較の中で評価され、また組織内部の者もそれらとの競合を意識せざるを得なかった1990年代以降の歴史に……一区切りがついたように思う。

空道の世界王者第1号となった小川英樹（右）。道着を掴んで相手の重心を崩しての打撃～投げ技～道着の襟を用いての絞め技で「参った」を奪う、空道のエッセンスを凝縮した闘いは圧巻だった

こうして、空道に取り組む者が、空道競技で世界を制することを最大の目標に、モチベーションを燃やせる時代は、幕を開けた。

3．世界選手権での日本の苦闘と、社会との闘い　２００２年〜

第１回世界選手権が成功し、喜んだのも束の間、空道の未来を考えるうえで、やらねばならぬことは山積みだった。

世界選手権の成功が国内の関係者・選手にとって発奮材料になったとはいえ、国内における競技への社会評価が大きく変化したわけではなく、全日本空道連盟は引き続き、国家・地方自治体の後援や、大きな企業のスポンサード、ましてや裏社会からの支援を受けることはなく、創業者の妻と娘に仕事を手伝ってもらって成り立たせるという……いわば家内制手工業的な体制で運営を続けていた。

その一方で、インターネットのさらなる普及により、広告料を支払って広報活動を行わなくとも自ずと情報が伝わる時代となった結果、それまで別の武道や総合格闘技に取り組んでいた団体・個人から、続々と「KUDOこそ、やりたいと思っていた競技だ！　連盟に加入するにはどうしたらいい？」といったメールが、それこそ聞いたこともないような国からも届くようになった。

海外団体・個人の空道連盟加盟に関しては、後のトラブルを避けるために「どなたでもどうぞ」的な認可はしておらず、連盟規定を満たす団体・個人であるか、確認を行ったうえで、現地に赴いて技術講習等を行い、初めて認定するようにしている。

それでも、結果として、2005年の第2回世界選手権は52ヶ国、2009年の第3回世界選手権は60ヶ国と、急速に参加国が増えた。「ワンデーで行われる総合格闘技系の大会として、世界で史上最多の出場国を誇るイベントとなった」との評価を得たのは嬉しかった。

ただでさえ、脅威だったロシアは、ますます国家・社会との結びつきを深め、空道で成績を上げれば大学に進学できるとか、空道でチャンピオンになれば指導者を生業に十分に暮らしていけるとか、そういった状況になっているとの話も聞くようになった。

これだけ海外で受け入れられ、寒い国で、暑い国で、砂漠の国でも、森の国でも選手たちが力をつけているであろうにもかかわらず、国内において、さして状況が好転しないのはなぜか？　その背景には、ひとつには武道という文化に対し、むしろ海外では分け隔てなくリスペクトが高く、国内においては、ネガティブな扱いをされがち……という面があるかと思う。

我が国では、競技の主力となるべき若い世代において、多くは、横文字の文化こそがカッコよく、日本伝統の文化は古臭い……ダサいという感覚をもっているだろう。「隣の芝は青い」的な思考に陥りがちなのはどの国でも共通のようだから、これは仕方ないとして、戦前〜戦中、軍国主義の中で武道が統制をとる手段として用いられた反動からか、子どもが武道に取り組むことを警戒する教育者や親も一定の割合で、存在するように思う。

さらに、すでに国や各地域のスポーツ協会（これまでの体協）をはじめとした公的な機関に加盟している武道団体の関係者は、新興の武道団体を「規模が小さい」「得体が知れない」「ちゃんとした団体なのか疑問だ」「伝統・歴史がない」……と、蔑みがちだ。それらの公的機関既加盟武道も、古くて明治、新しいものは戦後になって体系が完成したものであるに過ぎないにもかかわらず、後発の武道団体の公的機関への加盟を拒もうとするのは、実際のところは、既得権益を守りたいということなのだろう。

　このような状況下では、武道をCOOLだと受け入れ、ある武道の歴史が長かろうと短かろうと、中身が良ければヨシと評価する海外において空道の競技レベルが向上していくのに対し、国内での普及が停滞するのは、当たり前のことでもあった。

　この流れに対し「でも、世界に普及していくならそれでいいんじゃないですか」という意見もあったが、私には、やはり「日本が日本の文化を大切にしなくてどうするんだ?」「空道がそのポリシーへの認知を揺るぎなく得た将来においては、日本が主導権を握っていなければいけないということはない。しかし、その状況に至るまでの間は、空道が単なる総合格闘技に変容せず、社会体育としての武道の側面を維持できるよう、日本がリーダーシップを発揮し続けるべきだ」という思いがあった。

　それゆえ、第2回、第3回の世界選手権開催においては、2000万円あった個人の蓄えをも投入し、使い切った。それは「いつどうなるか分からない職業だから……」と、コツコツと積み立てていた家族のための備えだった。

　空道の世界選手権レベルの規模の大会で、もし、渡航費から滞在費まで、全ての選手の費用を負担したら、1億5000万円は掛かるだろう。さすがにそこまでは厳しく、渡航は自費、日本滞在の間の費用は受け持つというかたちで、なんとか支出を3~4000万円に収めてはいた。それでも、パンフなりの広告掲載料だとか、観客入場料などの収益と相殺しても、毎回、赤字なわけだ。

メジャースポーツのイベントであれば、テレビ放映を行うことで、莫大な放映権料が入ってきて補填できるのだろうが、空道が行ってきた世界選手権のテレビ放映は、連盟側がいわゆる「ワク」を買い取って……つまり金を払って行うもの（涙）。空道が、背伸びしていっぱしの世界選手権を挙行するためには、運営者がなけなしの私財を投じる以外に、帳尻を合わせる方法がなかった。

そこまでしても、世界選手権を大きな規模で行うことで、海外には日本のリーダーシップを感じさせ、国内の選手にはモチベーションを与え、日本社会にはしっかりした競技組織であることを示す必要があると考えたのだ。

しょせん、格闘技団体の背後に存在する大きな〝バック〟が提供する資金とは桁が違うが、こうして、競技を盛り上げながら、国内では地道に、国や地方自治体に認められる方向にアピールを続けていけば、海外での急速な普及による「世界100ヶ国で親しまれている武道スポーツなのに母国・日本で公的な存在になっていないのはＷｈｙ？」といった具合の、黒船的、逆輸入的な外力と相まって、日本スポーツ協会をはじめとした公的機関への加盟が成し得るのではないか、と。

そもそも、タニマチ的な存在に頼るのではなくて、体協加盟なり国体競技入りを狙っていこうという方針は、１９８１年の大道塾、北斗旗スタートの頃から掲げた目標ではあった。

私が空手の道を志したとき、父親からは「タカシ！　オマエはヤクザもんになるつもりか！」と真顔で問い質され、結局、死ぬまで「オマエはいつまでそんなことをやっているんだ？」と言われ続けたものだし、確かに、世間には、柔道＝正義、空手＝悪というイメージはあった。現実的にはただ、空手を修行するうえにおいてはなんら、道を外れた行為に至ることなどないのだが、その運営の仕組みが分かる立場になってくると、今でいうコンプライアンス上の問題がみえてきたのも事実だ。

そんな経験から「自ら組織を率いるなら、コンプライアンス上、問題のない方法で運営していきたい」→「でも、頼れる企業や資本家のツテもない」→「ならば社会に認められるようにして、信用を得よう」という方針に至ったわけだが、スポットを浴びるのは北斗旗ルールの過激さばかりで、この方向性を評価してくれる格闘技マスコミなど皆無だった。

さらに90年代に入って、グローブ競技〜MMA（総合格闘技）のブームが起きると、大道塾内部でも「体協加盟？　伝統派の空手が既に加盟しているのに、そんなことできるわけないでしょう」とプロ競技への参戦に、当時のトップ選手を導こうとする者も出てきた。彼らにしてみれば、ブームが目の前に来ているのに、これに乗らないなんて!!　ともどかしい思いがあったのだろう。

今になってみれば、その当時の彼らのその気持ちも、よく分かる。一方で、多くの地域で空道協会がスポーツ協会への加盟を果たし、実際に2026年に青森で開催される国民スポーツ大会で空道がデモンストレーション競技として採用されることが決まり、神奈川県警の採用試験において空道の経験が加点要素となり、空道の戦績によって体育大学への推薦入学が得られるようになった今、やはり、彼らに「どうだ？『そんなこと』はできてきたぞ」と誇りたい気はする。

4．アテネ五輪、北京五輪出場か⁉　～2008

話は前後するが、この項目で述べることに関連するので、前述の「パンクレーション」を起点としたオリンピックとの接触の歴史についても、あらためて触れておこう。

はじまりは1998年頃のこと。

国際松濤館空手道連盟の金澤弘和先生から「ウチ（松濤館）のギリシャの支部長が、2004年のアテネ五輪で、古代オリンピックの競技だった総合格闘技（パンクラチオン）を、アテネがオリンピック発祥の地であることにちなんで競技復帰させようと運動を起こしているんだけど、この新しい競技づくりに関して、技術だとか、ルールの面で、相談に乗ってほしい」というお話を頂いた。

その数年前に「月刊空手道」から「対談してみませんか？」と持ち掛けられ、話してみたら「若いときは極真的なことをやるのもいいよねぇ」なんて気さくに言ってもらえて「ガチガチの伝統空手原理主義の先生とは違うんだな」と、こちらも安心して、同じ東北人（金澤氏は岩手県出身）ということもあってか、気が合って、始まった付き合い。それが、オリンピックとの接触に結び付いたのだから、やはり、縁や人脈というものは、貴重だ。

結局のところ、2年間ほど、かなりの時間、そのルールづくりに時間を割いて、出来上がったルールで大会を開いてみたりしたものの、主導権をもつギリシャの関係者と話がまとまらず、ギリシャに10ヶ国ほどを集めての第1回パンクレーション世界選手権が開催された後は、アテネ五輪で競技種目とはならないことも決まったりで、競技自体が立ち消えとなってしまったのだが、努力したことは、時を経て、別のかたちで繋がっていくものである。

パンクレーションでオリンピックにアプローチした実績（？）が評価されたのか、2003年頃には、今度は「先生！　2008年の北京五輪では中国武術を種目入りさせられないか、と、今、中国は、IOCに強く訴えているんですよ。東京五輪で柔道が、ソウル五輪でテコンドーが種目入りしたわけですからね。日本には套路《とうろ》（形競技）の選手はたくさんいるけど、散手（組手、中国武術の組手競技はグローブをはめて突き蹴り＋投げで争う）は選手がいないので、空道の選手にチャレンジさせてみませんか？」という話が、国内の武術太極拳連盟の関係者から舞い込んできた。

この話に乗って、藤松泰通、榎並博幸、笹沢一有ら空道の全日本王者たちを派遣したところ、この競技は、ＩＯＣ傘下のアジア競技大会でも実施される種目だったので、出場した選手の名は、社会に認知されている他のスポーツの選手の名前と同様に、一般紙で報じられるに至った。それまで、格闘技・武道の専門誌やスポーツ紙でしか報じられることのなかった空道の選手の名が、朝日・讀賣といった新聞上にあるだけでも、喜びを感じたものである。

さらに、笹沢一有は、２００７年の中国武術の世界選手権において散手競技67キロ級でベスト8に入り「北京五輪で開催される散手競技」への出場を果たし、私も「散手部門の日本代表監督」として、五輪日本選手団のジャージ（実際には正式な日本選手団のジャージとは微妙に異なるもの）を着て、オリンピック選手村に滞在し、オリンピック会場での試合に臨んだ。結果は入賞には至らなかったとはいえ、この競技特有のテクニック（横蹴りや、相手の蹴り足を掬って転倒させる技など）を駆使するレベルの高い選手と渡り合う笹沢の姿は、実に誇らしく感じたものだ。

ただ、これが「東がマジメに社会体育として自らが創始した競技の普及に努めてきた結果、遂に、その競技の選手がオリンピックに出場するまでに至った」という評価になったかというと、パンクレーションに続き、この競技でも、大どんでん返しが待っていたのだから、人生は世知辛くて、面白い（泣）。

実は、最終的に、中国武術は、ＩＯＣから五輪種目として認められていなかったのだ。それでも、中国は、ＩＯＣの承認を受けたうえで、オリンピック期間中に、オリンピック競技会場（ハンドボール競技が行われた会場を、ハンドボール競技終了後に使用）で競技大会を実施し、1～3位の選手には、オリンピック競技同様の金・銀・銅メダルを、ＩＯＣのロゲ会長が授与するまでに体裁を整えた。結果として、このことが、当時、中国が意匠権や肖像権を侵害する国として国際的に問題視されていた背景と相まって、マスコミにとっての格好の批判材料となり「北京オリンピックで、ニセの競技が実施された」的なニュースとして、面白おかしく映し出されてしまった。

実際のところ、套路競技にしても、誰がみても「人並ならぬ鍛錬を積んだのだな」と感じるであろう動きをする選手たちが集っていたわけで、彼らまで「ニセモノ」的に思われかねない偏った報道に、なんとも気の毒な気がしたものだ。

5．悪夢の空道母国、世界選手権優勝ゼロ　2008〜

こうして、パンクレーションに、散手に、と選手を派遣して以降、本分の空道において、どのようなことが起きていたかといえば……。

2005年、第2回世界選手権では、日本の優勝は2（藤松泰通＝260＋、岩木秀之＝−240）。

そして、2009年、第3回世界選手権では、日本人選手の優勝がゼロになってしまった。

7つのカテゴリー、すべての優勝をロシアに持っていかれたのだ。2001年は3（藤松泰通＝−260、高田久嗣＝−240、小川英樹＝−230）だったわけだから、回を重ねるごとに世界選手権における日本人優勝者は減っていたわけだ。それが競技の世界への普及を意味するという考え方もあったが、現実を目の当たりにすると、やはりショックな光景だった。

2001年に−260、2005年に260＋で優勝した藤松は、2021年時点において、世界選手権史上ただ一人の2階級制覇者だし、日本人として史上ただ一人の世界選手権最重量級制覇者である。

彼の引退とともに、日本人の優勝がゼロになったのだから「日本において、80年代は、大道塾は過激な実戦派みたいな感じで人気があって、腕に自信のある若者はこぞって入門したけど、90年代半ば以降は、K−1とかMMAとかに人気が移っていって、90年代前半に入門した人が円熟期を迎えた2005年くらいまでは国内の選手層が厚かったけど、彼らが徐々に引退していき、一方で海外ではますます空道が普及して迎えた2009年だったんだから、日本が勝てないのもしょうがない」「パンクレーションやら、散手やら、いろいろ取り組ませた分、選手たちの目標が散漫になったんじゃないか」……と、さまざまなことを言われても、唇を噛むしかなかった。

私の胸の内には別の思いがあった。

「2005年の第2回大会での藤松の優勝の陰には、藤松と決勝を争った五十風祐司がロシア選手の進撃を止めたことがあって、その五十嵐を、五十嵐の在住する青森まで出向いてコーチしたのは、第1回大会の最重量級決勝で惜しくもロシア選手に屈した稲垣拓一だったんだ。それと比べて、だんだんと国際大会に出場する日本代表は、代表チームのコーチの指導方針のもとに一丸となって闘うというよりは『オレにはオレのやり方がありますんで……』みたいな感じで、後輩が先輩に指導を乞うたりといういことがなくなった。コーチはコーチで選手に気を遣って、選手を叱咤したりしない。団結こそが、我が国の強さの源だったのに、むしろ、ロシア代表の選手の方が、〝昭和の日本〟的に、チームのコーチの指示を従順に受け入れて厳しい稽古に身を置いている。フィジカル面で日本選手に勝るうえに、メンタル的でも日本人より厳しい鍛錬をしているからこそ、ロシア選手は強いんじゃないか。もともと個人競技であるうえに、コンピュータでコミュニケーションをとることが世の中で進むなか、どんどんと一匹狼のような人間が増えていく時代だからこそ、合宿や飲み会をはじめとして連帯を深める作業をより大切にすべきなんじゃないか」と。

　だが、その時の状況では、そんなことを言っても、時代錯誤だとか、負け惜しみだとしか受け取られないことは想像できたので、ただ、黙っているしかなかった。

①

②

③

④

⑤

日本人として、ただ一人、世界選手権最重量階級を制した経歴をもつ藤松泰通（①）。その快挙は、反対ブロックでロシア人の猛攻を凌いで食い止めた五十嵐祐司(②③白)の存在があってのものであり、その五十嵐が力をつけたのは、稲垣拓一（②写真でメガホンを使ってアドバイスを送っている人物）のサポートがあったからである。稲垣（④写真中央）は96年全日本選手権ではセーム・シュルト(オランダ、④写真左)と決勝を争い、01年世界選手権では最重量級でグリゴリエフ・デニス(ロシア)と決勝を争った選手。結果として、全日本無差別タイトルの海外初流出と、世界最重量級初代王座の海外流失を許した稲垣だが、その悔しい経験が次世代に活かされて、第2回世界選手権・超重量級決勝を終えた藤松と五十嵐の感極まった姿(⑤)に繋がったわけだ。

6．ワールドゲームズでの競技実施、WADA加盟　2012年～

国内でこんな紆余曲折を繰り返しながら、2010年代に入ると、世界においては空道競技が5大陸・60ヶ国に広がりつつあったことが、予想もしていなかった展開をもたらした。

2012年のある日、大道塾コロンビア支部の当時の支部長から「ワールドゲームズに参加できるんですけど、どうします？」とメールがきたのだ。

ワールドゲームズとは、オリンピック競技として採用されていない競技を集めて4年に一度行うイベントのこと。つまり、オリンピックを補完する大会・第2オリンピック的な大会であり、IOCが後援しており、バドミントン、トランポリン、空手などが、このイベントでの競技採用を経て、オリンピック競技に「昇格」している。

「オマエ、何を言ってるんだ？　ワールドゲームズなんか出られるわけないだろ」

私はすぐにそう返した。数十年前の話だが、日本の空手の団体に「オリンピック競技に出来ますよ」という話が舞い込み、スポンサーが1億だったか2億だったか出資したが、結局は話は立ち消えとなり、詐欺に遭ったような結果に終わったということがあったからだ。

それでも、先方は「大丈夫ですよ」と言うので、半信半疑で実際に国際ワールドゲームズ協会（ＩＷＧＡ）に連絡を取り、話を進めたら、実際にＩＷＧＡの会長、ロン・フローリッッヒ氏が来日し、日本ワールドゲームズ協会（ＪＷＧＡ）会長の小野清子氏（※）らと共に、空道の試合を生で視察してくれた。そして、２０１３年のワールドゲームズ・カリ（コロンビアの都市）大会では、エキシビション競技として、空道が採用されたのである。

※体操競技で五輪銅メダルを獲得、その後、国会議員、２０２１年3月永眠

もっとも、そのワールドゲームズでの競技実施には、我々空道競技側からのかなりの額の持ち出し（出費）が必要だった。私から幾許か、故・平塚和彦・空道全日本選手権評議委員長からの１００万円あまり、そして塾生から集まった募金……があってこそ、１回は実現できたものの、その後継続するにはあまりに厳しく、２０１７年のブロツワフ（ポーランドの都市）大会では、実施に至らなかったのだが。

ワールドゲームズでの空道競技を見守る平塚和彦・空道全日本選手権評議委員長（左）

一方で、こういった国際的なイベントでの経験が功を奏した結果ともいえようか、世界ドーピング防止機構（WADA）にこちらからアプローチし、なんとか日本アンチドーピング機構傘下に入ることも出来た。識者によると、巨大な政治力のような後ろ盾もない、非オリンピック競技が、このようなことを成し得るのは、極めて稀だという。

その成果として、現在、空道の全日本選手権以上のグレードの大会では「出場者の中からランダムに選んだ若干名」に対してドーピング検査を行っている。出場者全員を検査するわけではないんだ？　と思われる方もいるかもしれないが、実は、ドーピングコントロール・テストは、一人調べるのに数十万円の費用を要し、さらに、傘下団体は年会費として、毎年100万円ほどを納入しているのだ。「出場者の中からランダムに選んだ若干名」に検査を行うかたちで、不正の抑止効果があり、競技の健全が維持され、また、競技の社会的信用を得るに繋がるものなのだと信じたい。

ここまで国際的なスポーツ組織との関わりを連ねてくると、前述した「海外での急速な普及による逆輸入的な外力」による「国内社会へのアプローチ」をするための準備は整ったようなものだった。

かねてから、大道塾の各支部の支部長には所在地域の空道協会を立ち上げ、その地域の体育協会（現在のスポーツ協会）へ加盟するよう促してきたが、それが連なれば、それぞれの県の体協への加盟が可能となり、空道が県体協に加盟している県が一定数に達すれば、いよいよ国のスポーツ協会加盟の審査対象になるのだ。

空道は現時点で、十分にその規定を満たす段階にあるし、既に2026年に青森で開催される国民スポーツ大会（旧名称：国民体育大会、旧略称：国体）でデモンストレーション競技として採用されることも決定している。他のメジャー競技同様に、キャラクターデザインも完成しているので、ぜひとも、親しみをもって広めてほしいと思う。

やはり、日本スポーツ協会加盟の組織になったり、ＩＯＣ傘下の国際大会で競技が実施されたりすると、社会的認知は高まる。高校、中学校などの教育機関で授業や部活動のかたちで取り入れられるようになれば、親が安心して子どもに取り組ませるようになり、その競技で選手として実績を上げたことが進学や就職活動において評価の対象となり、また、健全な企業がスポンサーとなってくれるようになる。

島国であるからか、ムラ社会的というか、我が国では、それまでの伝統を覆すモノ（者、物）をなかなか受け入れてくれない傾向がある。公的組織への加盟などについて「先にそこに入っている集団が既得権を守るために、後進の団体が仲間に入ることを拒むから難しいのではないか」という声もあろう。だが、仮にそれがその通りだとしても、決して悪いことばかりだとは思わない。異なる角度からみれば、それは、仲間になったモノは大切に守ろうとするという良き面であるかもしれないからだ。海外だと、認められ易い分、嫌になったらポイッと捨てられる傾向があるように感じる。

だから「オレが悪いんじゃない、システムが、社会が、組織がオレを分かってくれないんだ」などと不貞腐れずに「ならば、どうやったら受けて入れてもらえるだろうか?」と策を練り、努力を積んでいく地道さがあるかどうかを問われていると思えばいい。

道は、そこに在るのだ。

7. 第4回世界選手権で、王座一つを奪還。

もし、2000年代に一部の人が言った「世が逸材はみな、グローブ系打撃競技やMMAに向かうようになったから、空道は10年前に入門した世代の選手寿命が尽きるとともに、国内の選手層は薄くなっていくだろう」という推論が正しかったなら、第3回世界選手権で全カテゴリーの優勝をロシアに独占された後、日本が王座を奪い返すことなど、ありえなかっただろう。

だが、現実は違った。

①

②

③

⑤

2014年、世界選手権-230クラス。準々決勝でスペインのディビット・カンピロスを(①)、準決勝で目黒雄太を絞め技で破り(②)決勝進出を果たした中村は、コリャン・エドガーの負傷により、決勝を勝利(③)。このコリャンの負傷は、準々決勝の谷井翔太(④写真左)や準決勝の末廣智明(⑤写真左)の猛攻あってのものであった。

④

まず、2014年の第4回世界選手権―230クラスで、中村知大が、前回大会優勝者であるコリャン・エドガーにリベンジすべく、4年前と同じく決勝へと駆け上がった。結局、エドガーが決勝を棄権し、不戦勝のかたちでの世界制覇となったが、さらにその4年後の第5回世界選手権準決勝では、中村はエドガーとの直接対決にて延長戦旗判定勝利を収めている。

中村は、第3回世界選手権時は大学生で、その後、財閥系の企業に就職していたが「このままじゃ自分も納得できないし、日本の空道もダメです！」と、職を辞して、総本部の職員となって稽古に打ち込み、世界選手権3大会連続決勝進出という記録を成し遂げたのだった。

一方、中村が優勝した第4回世界選手権において―250クラスで準優勝した清水亮汰は、2018年の第5回世界選手権でただ一人の日本人優勝者（―260クラス）となり、空道母国の面目を保つことに貢献した。

なぜ、ギリギリのところで、日本が世界王座の獲得を続けられたのかといえば、一つには「今、可能性があるのは中村だ。中村をサポートしよう」といった具合に選手の周囲が一丸となって盛り上げた……やはり連帯の力が大きかったと思う。そして、もう一つには、長年に渡り地道に続けてきた各地域での、少年層への普及活動が、実を結んだということだろう。

北海道、帯広近隣の街で育った清水（義理の息子ゆえ「亮汰」と表記すべきか迷ったがプライベートな話でなく、空道の話の一環として記す場合は「清水」とする）は小学1年で大道塾帯広支部に入門、以降、ジュニア大会での活躍を経て、高校卒業と同時に大道塾総本部の寮生となると、その年のうちに全日本選手権入賞→19歳にして世界選手権準優勝を達成したのだ。

そして、清水が優勝した2018年の世界選手権では、目黒雄太、菊地逸斗、曽山遼太、服部晶洸、安富北斗、山崎順也、伊藤新太、押木英慶、岩崎大河……と、少年期に格闘技・武道のファーストキャリアとして空道に取り組みはじめ、20代となった世代が日本代表となっていた。

80年代、90年代の格闘技ブームの時代は、他の格闘技や武道、スポーツ経験者が18歳を過ぎてから空道に転向することによって、選手層が保たれていた。当時の格闘技界においては空道は〝最も実戦的〟とも評されていたため、血気盛んで自己顕示欲の強い（苦笑）若者がこぞって入門してきたわけだが、90年代中盤以降、MMAが台頭しはじめると、やはりそういった層が、スポットライトの当たる舞台の方へと導かれる傾向はあった。そして、2000年代中盤以降、空道において、大人になって他競技からコンバートしてくる人材が減るとともに、幼い頃から空道に親しんできた世代が、一般部の大会出場が許される19歳に達するとともに活躍をみせる……そんな時代に突入したのだ。綱渡りのようなタイミングながら、国内空道の競技レベルの維持

目黒雄太

2021全日本体力別での目黒の華麗な蹴り

[東孝の創った“総合武道”空道の情景]

突き

蹴り

肘打ち

膝蹴り

頭突き

投げ

タックル

グラウンド打撃

絞め技

脚関節技

腕関節技

飯村健一

長田賢一

森直樹

加藤清尚

山崎進

に、ひと筋の明るい光が射しているように思える。

8．少年競技普及の恩恵と問題点

こうして、地道に続けてきた少年層への普及活動が、空道を一過性のブームに左右されない競技たらしめる基盤となりつつあるわけだが、空道が「社会体育」であることを維持するためには、ここでハマってはいけない、落とし穴が、ある。

もともと、私は、少年部の稽古を行うことはおおいに推奨しつつ、少年の競技に関しては積極的ではなかった。「リトルリーグでは大活躍したけど、肘を酷使した結果、大人になる頃には壊れていた」……などという野球選手の事例は、30年以上も前からよく耳にしており、私自身、中学時代は野球部部員だったこともあり、日本では子どもに「やらせすぎる」傾向があることは肌で理解していた。

だからこそ、5歳、6歳のカテゴリーまで世界選手権を実施しようとか、U－13のクラスから顔面パンチありにしようといった意見が連盟内で出る度に、反対してきた。

他競技で、あるいはＫＩＦ（国際空道連盟）傘下でも海外では非公式に、顔面パンチありの練習や試合を行っているところは多々あり、それらの映像をＹｏｕＴｕｂｅなりで目にすれば「ウチ（空道、あるいは日本の空道）もやらなきゃ、遅れてしまう…」とあせりを感じるのも分かるが、30歳、40歳まで長い競技生活を続けた場合の脳のダメージの蓄積の危険性に配慮した場合、今後10年、20年と掛けての研究の結果が出てからでなければ、それが一握りのエリート選手を育む方法であろうとも、顔面パンチありのルールは採用するべきではない。子どもを実験の材料にするわけにはいかないのだ。

移り気な子どものモチベーションを維持するためには、より大きなトロフィー、輝くメダルがあった方がよく、地域の大会より、全日本の名称のついた大会、さらには世界の冠のついた大会が、より多くあった方がいいのは確かだ。そして、実際、そうやって「にんじんをぶら下げた」ことが、２０１４年の第４回、２０１８年の第５回世界選手権と、日本が首の皮１枚、世界王座維持を繋げるに至った大きな要因でもある。

しかし、だからといって「身体活動を通じて、（稽古する人の）人格や智力を磨き、社会に寄与貢献できる人材を育成する」という空道の本分、「社会体育」の方向性から外れてしまったのでは、意味がない。

また、結局のところ、早くから競技に取り組めば、その分、早く気持ちが燃え尽きてしまうのではないか、という面もある。清水にしても、24、25だというのに「もう自分の仕事は終わった」みたいな気持ちになっているのが感じられたから、今回の（癌罹患の）件を機に「若いんだから、やれるなら、やれるうちにやった方がいいぞ」と第6回世界選手権（2022年）での連覇へ挑戦するよう説得したのだが……。

確かに5歳で空道の道場に入門した（させられた？笑）人の場合、25歳でキャリア20年となるわけで、20年という期間は、気持ちを集中して物事に取り組む期間としては、限界に近いともいえよう。

より低年齢に競技を普及させていくことや、より低年齢に大人同様のルールで闘わせるようにしていくことに関しては、今後も、年齢に応じた健全な心身の成長と考え併せて、慎重に取捨選択して欲しい。

9. 大道塾総本部、再度の移転とさらなる移転への想い　2019〜

第5回世界選手権が終わった翌年2019年の7月に、大道塾総本部は、池袋から、同じ豊島区の高田に移転した。仙台から練馬区平和台、池袋を経て、JRでいえば目白、路面電車の都電（東京さくらトラム）でいえば学習院下か面影橋が最寄り駅となる閑静な住宅街へとやってきたわけだ。

池袋のビルが老朽化し、東日本大震災レベルの地震が来たら危険だということが直接的な移転の理由であったが、年々、ちょっとの音でも騒音と認識されるようになってきた社会において、遠慮なく大きな発声で気合を入れるためには、地下に道場を配置したいなという思いがあって、それに見合う物件がみつかったことが、踏み切るうえで大きかった。

ただ、交通の便がよいところではないし、広さ的にも、総本部としては道場スペースが十分でない面もあるので、いつかは試合場と同様の50畳の正方形のスペースを確保したところへ再び移るつもりだった。……いや、「だった」というか、今もそのつ

池袋の総本部道場、最後の稽古

新道場へ。自ら書類を運ぶ

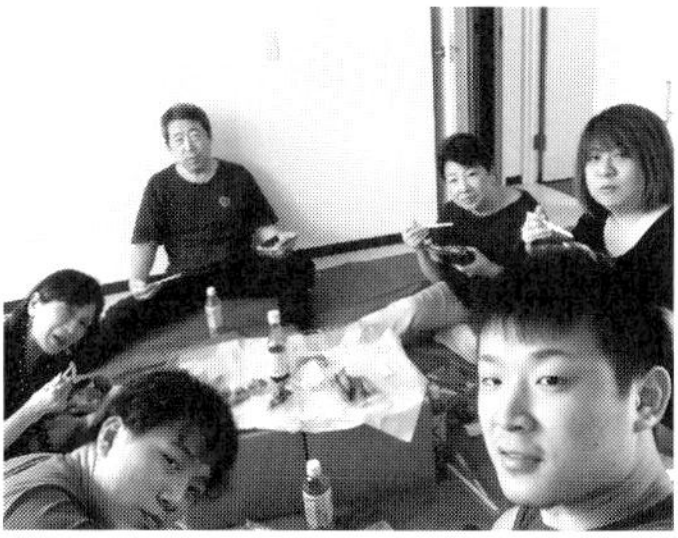

引っ越し作業の合間、段ボール箱をテーブル代わりに昼食。事務局スタッフの田中理恵子さん（左端）、柴田伊都子さん（右端）、岩﨑大河（左手前）と一緒に。空道はこんなファミリーな運営で成り立っているのだ

もりでいるから。

10. 警察官採用試験での評価の対象となる　2020〜

2020年には、神奈川県警の警察官採用試験において、空道での競技実績が評価の対象に加えられるようになるという嬉しいニュースもあった。もちろん、何かのコネだとか、金銭面で便宜をはかるようなことで、動くような組織ではない。単純に先方から「空道の技術は警察官の職務上、役に立つ」といった評価を得てのことだろう。

私としては「就職上、有利になる材料だから空道に取り組む」というような選手や道場生が生まれることは求めてはいない。やはり、空道に取り組むのは純粋に空道の技術や試合が好きだからであって欲しい。とはいえ、空道に熱心に取り組んだこと、試合で実績を残したことはまったく評価されず、他競技の実績は評価されて、他競技出身の若者は希望通りの就職を果たし、空道に打ち込んだ若者はそれがならないのでは、やはり責任を感じる。

前回世界選手権（2018年）においては、日本代表に選出されながら、負傷の危険性のある試合に出ること、また試合日およびその前後に休暇を取ることに、職場の理解を得られず、やむなく出場を辞退した選手（本人に迷惑が掛かることがなきよう名は伏せる）がいて「もっと空道を認知された競技にできていれば……」と申し訳なく感じたものだ。

一部の体育大学の入試（ＡＯ入試）においても空道の競技実績が評価の対象となるなど、少しずつ前進はしているが、まだまだ道半ば。これからである。

11. 第6回世界選手権、そして未来に向けて　２０２１〜

このような紆余曲折の道を経て、２０２２年の第6回世界選手権を迎えようとしている今があるわけだが、コロナ問題によって、２０２０年は春・秋の全日本選手権が開催できず、各地域での大会もほとんど実施できなかった。日常の稽古において選手を奮い立たせるものは、試合という目標があることだし、試合経験を重ねることは競技で勝つためのコツのようなものを掴むうえでもっとも効果的な方法だから、私としては、なんとしても大会の実施は死守したかった。聞けば、ロシアでは、コロナ問題下であろうと、大会を強行しているという。これではなおさら差が開いてしまうではないか。

「緊急事態宣言が発令された」といっても、それは「やらないで済むことは控えてくれ」という要望であって「その人・その組織にとって最優先の行事も含めやってはいけない」という命令ではないのだから、私自身は多くの大会のタイミングにおいて「実施してよいのでは?」という意見を出した。しかし、ほとんどの時期、ほとんどの地域において、その地区の空道協会の理事の合議により、大会は中止になった。個人的には残念なことではあったが、逆の見方をすれば、空道は、もう私一人の判断によって動くものではない、競技組織としてのシステムを構築しているんだな、とも捉えられる。

なんとか開催に至った2020年9月の関東地区大会においては、私は閉会式で「これでは世界選手権で試合などできない」とスピーチした。試合全般をみて、技が軽いものになっており、勝利に対する執念も薄く、全体的に力が落ちているように感じたからだ。厳戒態勢の社会状況下、様々な苦難を乗り越えて試合に挑んだ選手たちに対し、厳しい言葉を浴びせたかたちだが、世界選手権で何としても日本の復権を果たして欲しいという思いからの激励だと思ってもらいたい。

2020年9月の関東地区大会の閉会式にて、いつになく厳しい叱咤の言葉を選手たちに贈った東塾長。この時点では、選手・関係者は、塾長の闘病について知る由もなかった

2020

第Ⅲ部・これからの空道、そして社会への願い

〜東孝の遺言〜

1．道着を着ることについて

大道塾設立から40年、空道が独自のジャンルの競技となって20年を経て、この着衣徒手総合武道がどんなものであるか、いわゆるMMAや、グローブ着用競技、空手、古流武術、護身術などとの比較を交えて、あらためて論じておこう。

もともとの発想は「街の中で、基本的に人は服を着て生活しているのだから、社会における闘いをモチーフにした競技をつくるなら、道着着用が理にかなっているだろう」というものだった。

最近では「道着ありの総合格闘技というのは、道着のいろいろな部分を掴むことが出来る分、〝知恵の輪〟のように考える幅が増え、無着衣の総合格闘技よりフィジカルが問われる度合いが少なく、歳を取っても取り組みやすいものになっている」といったことも言われるが、そこまで考えていたわけではなかった。

ただ、もう一つ、日本の伝統的な服装である着物（を簡易化したもの）を身につけていることによる佇まいというか、〝侍〟的な郷愁というか……そういった雰囲気を纏うことが、普及に結びつく良いイメージとなるだろうということは考えてはいた。

私自身は「侍の語源は〝さぶらう〟なんだから、本来は誰かを守るための用心棒に過ぎないじゃねぇか」などと思ったりもしていたが、実際のところ、世の中では、ドラマや映画を通じて男らしさだとか、向上心のある人間の象徴として、侍が捉えられていたからだ。海外にまで〝サムライ〟という語は美しい、カッコいい文化として、広まっていたし、道着着用は武道であることを印象づけるものであり、その雰囲気があってこそ、多くの親が子どもに習わせたいと思うわけだ。

ところが、一方では「10代から20代、スポーツでもっとも能力を発揮できる時期にある若者は、道着姿をカッコよくない、ダサいものに感じがちでもある」ようだ。聞けば、稽古場から外へ出て、コンビニなどへおつかいに行くにも、恥ずかしいから、とわざわざ着替えていくという。自意識過剰というか、多感な時期だからなのだろうが「何が恥ずかしいの?」と思う。

彼らからすると、日本伝統のもの=古臭いというイメージがあるのだろうが、もっと誇りを持ってほしい……というか、誇りを持っていいものなんだぞ、と言いたい。武道という言葉に重みを感じているからこそ、その重さを疎ましく思うのだろうけど、海外の人は「武道とか道着って、日本の人はそう思ってないみたいですけど、クール……カッコいいものなんですよ。それこそ、道着、武道こそが〝COOL JAPAN〟ですよ」と言うのだ。〝隣の芝は青い〟というか、いろんなことで他の家、他の地方、他の国……他の競技でやっていることの方が素晴らしくみえて、自分の家、自分の地域、自分の国……自分のやっている競技に自信が持てなかったりするものだが、実はそれぞれがそう思っているだけだったりするものだ。道着、武道、空道、最高じゃねぇか！ と言っておきたい。

2．無着衣の総合格闘技（MMA）とグローブ競技（キックボクシング）へのスタンス

1993年。第1回のアルティメット大会……今でいうUFCを市原（海樹）と一緒に観に現地に行ったわけだが、倒れている相手のことを上からメチャメチャにやっつけてしまうのをみて「これは子どもに見せられるもんじゃない」というのが最初の感想だった。「地下プロレス（格闘技）的にやるならいいかもしれないけれども、これを地上波に乗せて大衆にみせることは認めていいのか！」と。義憤というか、そ

ういう思いが強かった。表でこんなことをやるな、と。

確かに、私は、実戦性なるものを追い求めてはいたが、それと同時に、安全性や、大衆性（試合をするうえでも、試合をみるうえでも、試合を楽しめるかということ）とのバランスをはかることを心掛けて、北斗旗（のちの空道）のルールづくりをしていた。

ただ、私が、大道塾（北斗旗、のちの空道）はこうあるべきだという理想のかたちに向かって、一つひとつ石橋を叩き、少しずつ少しずつ幅を広げていこうとしているその歩みが、市原なり、市原を支援した先輩塾生たちなり、マスコミには、じれったく映ったのだろう。もし、大道塾・空道の歩みがもう少し早く、UFCの出現やグローブ競技の流行がもう少し遅くあったなら、市原が飛び出していくこともなかったのではないか、と思っている。

UFCがスタートする2～3年前からはじまった「グローブ競技で勝つことこそが打撃系の格闘技においては強さの証明であり、そこに挑戦しないのは逃げ」みたいな潮流のなかでも、私自身には「なんで？　現実の闘い（素手）とグローブでは全然、違うじゃないか」という思いがあった。オリンピック代表であった白鳥金丸先生に大学でボクシングを習い、一方で、ナマの闘いというものを経験してきて、8オンスなり16オンスなりのグローブ着用で放たれるパンチというのは、顔面の表面を傷つけない代わりに、脳を揺らす度合いでいえば現実以上の威力を発揮することや、グローブ自体が盾のようにディフェンスの役割を果たすことを知っていた。だから「グローブこそが打撃格闘技の共通言語だ！」なんてマスコミの煽りには「何言ってんだよ」くらいにしか思っていなかったし、ヘンな話、UFC登場によって「素手で殴り合ったって、立っている状態での打撃では、ほとんど人は意識を失ったりしない」ということが立証されて、あぁ、これでようやく「グローブを着用して立ち技での打撃だけで闘う競技に挑まなきゃ逃げです！」なんてことを言われなくて済むようになるな、とありがたく感じたほどだった。

私としては、重みがあり、かつ柔らかいグローブで脳を揺らしあうことも、寝ていて動くことのできない相手の頭部に、重力による威力の増大を得た打撃を加えることも、蛇の生殺しのようにどんどん脳を壊していくことに繋がり、社会体育を標榜する競技では絶対やっちゃ駄目だという意識があった。

もちろん「グローブ着用の打ち合いでダメージの蓄積が大きいというのは事実とし

て、ヘッドガード着用の競技も、顔が痛くないからどんどん殴り合っちゃって、細かい打撃を長い年月、喰らい続けてしまって、結局ダメージが蓄積する可能性はあるのでは？」という意見もあり、現時点では、どっちがどの程度かを検証したデータはないし「北斗旗〜空道ルールで40年に渡り大会を実施してきて、試合における脳のダメージによる死亡事故や、脳障害発生の報告は、未だ1件もない」という事実も「それは世界中で行われているボクシングや柔道の試合数と、空道の試合数を比べると、空道の方が圧倒的に分母が少ない」という確率の問題を踏まえれば、声高にアピールはできない。

だからこそ、ヘッドガード着用だからといって安心せず、ガチガチのスパーを子供の頃からやったり、年寄りになっても毎回の稽古で打ち合ったりすることは避けるべきなのだが、それでも経験を積んでの感覚として、やはり「ヘッドガード＋素手（拳サポーターのみ着用）」で「寝ている状態の相手の頭部に重力の加わる方向からの打撃を当てることはしない」ルールの競技の方が、グローブ競技やMMAより脳が被るダメージが大きいということは、ないだろうとは思う。

そういった安全面のことに加え、単純に、ヘッドガード＋素手（拳サポーターの

大道塾主催の「実験大会」である「THE WARS」シリーズでは、グローブマッチや無着衣MMAの試合の他にも、様々な形式の試合を行ってきた。写真は、着衣でオープンフィンガーグローブ着用、ヘッドガードなしでのMMAマッチ。左は、のちにプロボクシングの日本王者となった八島有美

み着用）であれば、グローブ着用や無着衣であれば物理的に不可能な、衣服（道着）を掴んでの頭突きや肘打ちが出来るという点も、大きなアドバンテージだろう。

こういった攻撃は路上の現実的なことをモチーフとした競技を考えれば反則にしたくない技術ではあるが、ヘッドガードなしで行ったのでは、ケガ人が続出して、競技人口の維持が難しくなることは目にみえている。

そういったことから、無着衣の総合格闘技（ＭＭＡ）やグローブ競技（キックボクシング）もそれはそれで素晴らしいのだろうし、空道の選手がそれらへ挑戦

できる近似性のようなものはあるのだろうが、だからといって、空道はそれらと争ったり、比べられたりする必要のないものだし、あらためて、道着、武道、空道、最高じゃねぇか！　と言っておきたい。

3．空手へのスタンス

「かつては『いわゆる伝統空手（2020東京五輪で採用となったWKFルールの空手）は寸止めだから実戦性が低く、全力で打ち合うフルコンタクト空手の方が実戦的』と言われていたが、最近、MMAにおいて伝統空手出身の選手が活躍することで、その突きの技術の実戦性が証明され、かつてのフルコンと伝統派に対する評価が逆転したのではないか？」といった声を聞く。

世の中とは、右に振れたり、左に振れたり、極端だな、と思う。

私は以前から「直突きは怖いぞ」ということは事あるごとに言ってきた。タイミングの掴み方をはじめ、学ぶべきところがある、と。それは実体験に基づいている。

極真会館総本部の指導員をしていた頃、イギリスかどこか、ヨーロッパの伝統派の空手家がやってきて、本人はただ純粋に「キョクシンスタイルを学んでみたい」という気持ちだったのだろうが、黒帯を締めて来たものだから、こちら側は道場破りか？という緊張感で「とにかくやっつけろ」というような空気感だった。それで私が組手の相手をすることになったときに、向こうはポンと突きを先に入れて逃げて、こちらはその後に、追っ掛け回して下段を蹴るという展開になった。

当時は「なんだ、効かない突きを出して、逃げてばかりいて」と思ったものだが、その後、この展開に関して語ったときに「伝統派の人にとっては『先に当てた方が勝ち』だし、フルコンの人にとっては『トータル的に前に出て多く攻めてダメージを与えた方が勝ち』だから、それぞれの価値基準に沿って、双方が『オレの方が組手を制していた』と思っていたのではないか？」ということを指摘され「なるほど、そういうことか。シビアに『よいものはよい、ダメなものはダメ』と判断するドライな国を含め、世界に広まり、数十年経っても一定の地位を保っているのは、あの空手にそれだけの素晴らしさがあってのことなんだな」と考え直していた。

もちろん、前に出る気持ちとパワー、下段蹴りのテクニックが磨かれ、一方で、それらに対抗するものとして、上段への蹴り技や、相手のサイドへの回り込みが養われるフルコンタクト空手も、その素晴らしさを否定される必要はなにもない。

私は、伝統的な空手に対する敬意と、自分の育った極真空手への〝故郷(ふるさと)〟としての想い、いずれも持ち続けている。

4. 試合をしない古武術へのスタンス

格闘技、武道の道を長く歩んだ者の心の内には、身体的な能力のピークを過ぎて歳を取るにつれ、「筋力に頼らない何かがあるんじゃないか?」という探求心が芽生えてくるものだ。私だって、そうである。そこで、一定数が、いわゆる武術系、神秘系、古武術系……といった試合をしない身体理論的な世界にハマっていく。

そういうものをやってみたいという者がいれば、やってみればいい。そういったものの中で、百に一個でも本当に競技の中で使えるものが存在している可能性も否定はできないし、もし本当に存在しているのなら、ぜひ、空道の試合のなかでみせて欲しいと思う。空道という競技は「この技を使わなくてはいけない」とか「この技はこの形でなくてはいけない」という強制がないからこそ「空」の「道」なのだ。もし、古武術なり、どこかの国の格闘技なり、これまでの空道の標準形とはまったく異なるスタイルの技術が力を発揮したなら、その技術が空道の主流となっていこうと、まったくかまわない。

現状、そういった武術系、神秘系、古武術系の技術が明確に有意義だという立証はなされていないと思うし、一方で、完全に否定できるほどの立証もなされていないように思う。だから「研究に取り組みたければ、ご自由にどうぞ」というところだ。

ただ、もし、その〝不思議な力〟がホントなら、相手を制圧するために役に立つ技術であるなら、どこのどんな理屈や歴史のものだろうと関係なく採用するであろう警察や自衛隊が放っておくはずもないが、現状、その訓練種目として採用されるような状況には至っていない。

そして、そういった技術論というのは、小グループの中で……特に師弟関係があったり、リスペクトする気持ちがあるなかで……披露すれば、皆が「凄い！」と同調するが、千人、1万人に同時にみせたとき、空気を読まない誰か一人が暗示に屈せず「これはおかしい！」と言えば、あっという間にそこにあった同調圧力的な空気が吹き飛んでいくものである。

確かに、過去、そういった神秘的な武術を学んだ選手が北斗旗（空道）の全日本選手権を制したこともしばしばあったが「料理の中で、ちょっとした味つけが利いた」といったことなんじゃないか、と思っている。選手自身は学んだ武術の技術的な成果だと思っているのだろうが、実際には、その選手が自己暗示的に自信を得たことと、セオリーと異なるスタイルに相手選手が戸惑ったこと……つまりは心理的なプラスマイナスで優位に立っただけなのではないか、と。

こういったことを踏まえたうえで、研究に取り組むぶんには、まったく構わない。私が後を託した長田賢一も、武術の研究に取り組んでいるが、もしその成果が皆に認められたなら、リーダーとして、それを大道塾という団体の主軸の技術とする方向性を打ち出そうと、それはそれでよいと思う。

引き出しをいっぱい持っているのはよいことだから、何だってやってみればいい。

5．護身術へのスタンス

着衣、素手（に近い拳サポーターのみ着用）、立ち技中心というルールである空道は「実戦性を追求した武道」だとか「実戦に近い武道」といったことは言えると思うが、あくまで競技である。護身術を追求するのであれば、スポーツ競技にはなり得ないだろう。護身に必要なことは、逃げることを筆頭に、競技を成立させなくするようなことが大半だ。従って、空道が護身術なのかといえば「護身に役立つ面もあるが、護身を目指したものではない」ということになるだろう。私は「実戦性」だとか「強さ」に拘りつつ「護身術」でなく、競技・スポーツとして空道を普及させようとしているのだ。

型稽古では高いモチベーションを維持するのは難しく、試合という目標があってこそ、日頃の稽古に対する意欲は高まる。また、その試合を護身に沿うよう、素面で金的攻撃、関節蹴り、目潰しありといったルールで行ったところで、そのような危険で楽しくないルールではごく僅かな人数の選手層しか得られまい。結局、ある程度、安全性や大衆性を担保した競技を運営した方が「高いモチベーション×取り組んでいる人口」を得られて、高度な技術を完成しうるのではないか？　そんな考えにより、一般市民を対象に普及できる範囲のルールによる競技づくりをしようと考えた。「嘉納治五郎はもともと着衣の総合格闘技を完成させようと考えていて、その過程の第一段階として当身なしの柔道をつくった。空道は、嘉納の求めた完成形ではないか？」というようなことを言われることがあるが、畏れ多いとしか言いようがない。ただ、確かに、嘉納先生が松濤館の船越義珍さんを呼んだのはその目的のためで「講道館でやらないか」と誘ったのだけど、船越さんは「吸収されるのは嫌だ」と考えて、独立独歩のかたちで空手を普及させたのだという話は聞いたことがある。

山は裾野が広くなければ、高くはなり得ない。私は、空道のルールに金的蹴りを取り入れることに拘ったが、むろん、今後の組織が「金的蹴りは反則にした方が、大衆性が増し、競技の普及に繋がり、結局はその方が選手の強さを高められるのではないか」と判断するのであれば、私の決めたことに拘らず、ルールを変えていけばよい。幹をどんどん太くするためならば、枝葉は切ればよいのだ。

6．基本稽古など稽古システムについて

変化していくべきということに関していえば、基本稽古、移動稽古といった大道塾の稽古メニューに関してもそうだ。「大道塾がスタートして以来、40年経っても、技術の基本とされるものに変化がほとんどないのは、むしろ、進化していないことを示していないか？」という声もある。例えば、今から50年後、１００年後、その時代の大道塾幹部が、私（東）の創ったものを変えてはいけないと考え、今とまったく同じ内容の稽古を続けていたとしたら、それは停滞に他なるまい。

大道塾において標準形とされる技術の形（フォーム）自体も少しずつ変化していくのが当然だし、稽古の進め方に関しても、少しずつ改良されていくべきだろう。例えば「現状の基本稽古は有段者向けの基本稽古とし、初心者向けの基本稽古としては、もっと回数を減らし、１つ技を放ってから、いったん構えに戻って静止した状態をつくり、それから次に技を放つようにしてはどうか？」といった意見があり、それも、よいアイデアだと思う。

ただ、今なり、30年後なり、１００年後なり、それぞれの時期において、標準形と

大道塾スタートの聖地である仙台五橋の道場での最後の稽古(2011年の震災後、建物に倒壊の危険性があると判断し、移転)。こういった機会、基本稽古のような集団稽古によって、思いをひとつにできる

される技術の形や稽古法は、国内の各支部はもちろんのこと、世界で同じフォームであるべきだ。

だからこそ、昨年末には、現在の大道塾において基本(標準形)とされるフォームを明確にすべく、私自身の実演による映像撮影を行ったのだが、あくまで「現状はこれで統一」と示すものであって、100年後には「もともとはこうだったんだな」と振り返るための資料となっていればよい。

7. 変えていくべきこと、変わらざるべきこと

一方で、私が組織の運営を次世代に任せた後のことを想像したとき「あんまり変えられてもなぁ……」と思わないでもない（苦笑）。嘉納治五郎先生も、晩年、変容していく柔道に対し「これは私の考えた柔道じゃない」と嘆いていたという話を聞いたことがある。進化していくべきこと、不変であるべきこと、このあたりのバランスをいかに執るかは、難しい問題なのだろう。

変えていくべきことはなにで、変わらざるべきことはなにか？

あらためてその答えを考えたら「競技のルールや技術は変化していくべきもので〝社会体育〟というポリシーは、変わらざるべきもの」というところだろう。

やはり私は、武道とは、社会の中で暮らしていくうえで求められる人間性を育む役割を果たすものだと思っている。そこに空道含め、武道の最終的な目的があり、そこに到達するための媒介として、競技があるのだ、と。だから、競技のルールは社会の変化に応じてかわっていくべきであり、そのルールのなかで表現される技術が、数万、数十万、数千万の選手の探求によって変化していくのも、また当然だと考えるの

だ。

例えば、科学の進歩によってより試合用具に適した素材が開発されれば、試合の際に身につけるものも改良されていくべきだし、判定となったときに双方の選手のダメージが的確に分析できるようなテクノロジーが導入できれば、決着のつけかたも変わるだろうし、倫理観や、医学的見地からの見解の変化によって、今は認められている攻撃が反則とされたり、逆に今は反則とされている行為が解禁となったりしても、何ら不思議はない。いや、不思議はないというか、むしろ、少しずつ、少しずつ変化していかなければ、それは競技が停滞しているということだ。

8．社会体育という言葉について

「〝社会体育〟というポリシーは、変わらざるべきもの」と述べたが、では、この社会体育という語を、どういう意味のものと解釈して用いているのか？　その点についても、誤解のないよう、説いておこう。

国体（国民体育大会）が国民スポーツ大会という言葉に言い改められるようになったように、近年、体育という言葉を用いることは、避けられる傾向が生まれている。

その理由は「スポーツは、明治初期の文明開化によって国内に広まった当初は、自主性を持って楽しんで行う本来の姿であったのに、明治中期以降、軍国化の流れの中で、隊列を整えるとか、上位の者の言うことに服従するとか、そういった習慣を身につけさせるための都合のいい道具として利用された。その方向性のなかで生まれたのが、運動を通じて教育するという意味合いを込めた体育という言葉であり、この言葉のもとに行われる活動こそが、体罰とか、先輩が威張り散らすとか、そういった問題の温床となった。従って、身体活動を自主的に楽しむために行うものを示すには、体育という語でなく、スポーツという語を用いることが相応しい」といったことだろう。

この「体育でなく、スポーツという語を用いていこう」という方向性も理解できるし、もちろん、指導者が選手に暴力を振るったり、先輩が後輩をいじめたりするようなことがあってはいけないことは、言うまでもない。

ただ、私は、体育という言葉をシンプルに「身体活動を通じて、人を育む」という意味に捉えており「社会体育」という語については「身体活動を通じて、社会生活において求められる人間性を育むもの」という意に解釈している。

　そして、我々の行っている武道が、格闘の技術を磨くものであるだけに、なおさら「ただ強ければいい、自分さえよければいい……という考えで終わらず、自分の外側（社会）に貢献することを考えよ」というポリシーを強調したいと思うのだ。

　楽しむことを目的とするのももちろんよいが、必ず楽しむだけで終わらなくてはいけないわけではあるまい。身体活動を通じて、自分の人生に活かされる心身の強さを得ることももちろん素晴らしいことだろう。楽しむレベルを超越した段階を経ることによって、有形無形の何かを手に入れられるのは、現実なのだ。絶対服従だとか、そういった世界観は、あくまで体育という言葉で括られるなかの一部が生んだものであって、体育という言葉自体を悪しきものと捉えてしまうのは「言葉狩り」ではないだろうか？

9．「競技としての空道」と「団体としての大道塾」の分離、日本主導からの脱却について

「空道が世界に普及することが最大の目標であって『日本が世界の頂点に立ったうえでの空道の発展でなくてはならない』とか『あくまで大道塾が頂点にあるうえで空道が普及しなくてはならない』ということを求めたら『二兎（三兎？）追うもの一兎得ず』という結果になりかねないから、もっとロシアをはじめとした海外のNF（空道のナショナル・フェデレーション）の運営力・資金力に頼ったり、大きな格闘技団体に空道連盟に加わってもらって運営面でもサポートしてもらったり、してはどうか？」という意見もある。

私も、それが理想だとは思う。また、いつかはそうなっていくべきだとも。

ただ、今すぐに、その方向に舵を切ってしまうのは、時期尚早ではないかと感じている。

やはり、ロシアなり海外の空道のNFや、空手なりMMAなりの団体の意見を大きく汲むことにした場合、私が空道の最終的な目標としている「社会体育」としての普

［東孝の選手時代
〜大道塾設立40周年］

突きの連打で前に出て、下段蹴りで相手の脚を潰す。極真空手の世界に革命的なスタイルをもたらした現役時代の東塾長

二宮vs東が実現した、極真会館主催・第1回世界空手道選手権大会（1975年）準々決勝。立錐の余地もない場内の様子をみると、当時の熱気が感じられる

極真会館主催・第9回全日本選手権大会（1977年）閉会式後、共に出場を果たした宮城支部の教え子、矢島史郎（左）、岩﨑弥太郎と。矢島は後に極真全日本ベスト８入りを果たし、岩﨑は北斗旗の初代王者（1981年無差別）となる

ライバルと目していた二宮城光（円心会館創始者）の奥足内腿を捕らえた、真っすぐに蹴り込む独特の下段蹴り

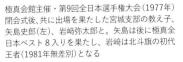

宮城県スポーツセンターで産声を上げた空道（当時は北斗旗空手道選手権）。開会式では、東塾長がマイクを握り、選手が見守るなか、ルール説明を行った。当初は、出場選手にルールを説明する必要があったのだ

結婚披露宴。キャンドルサービスで、大山倍達・極真会館館長、智弥子夫人のもとへ

1981年に大道塾をスタートさせて以降、デパートの屋上など、仙台市内の様々な場所でデモンストレーションを行った。塾長の後ろは、岩﨑弥太郎師範

80年代前半、道場前にて、家族、内弟子たちと。現在、大道塾で幹部となっている面々も、大道塾から巣立っていった面々も、みな若い！

80年代中盤、仙台恒例の七夕祭りの時期に朝のランニングを行った後、国分町（歓楽街）にて。塾長の右は、まだ高校生の加藤清尚・現中野＆行徳支部支部長

80年代後半以降は「格闘技通信」などの格闘技雑誌でも大道塾・北斗旗が大きく取り上げられた。写真は相手の回し蹴りに対する軸足関節蹴り。相手を務めているのは、山田利一郎・現新潟支部支部長

1980年代より、麻生秀孝・SAW（サブミッションアーツレスリング）代表師範をはじめ、他競技の指導者にも、東塾長は積極的に教えを乞うている。1990年代中盤以降現在に至るまで、大道塾総本部では中井祐樹・全日本ブラジリアン柔術連盟会長（写真左）によるクラス指導が続く

大会の際は、設営・撤収に自らも参加。塾長が運んでいるビールケースは、試合場の土台として用いられていたものだ

昇段認定証に毛筆で署名。墨が乾くまで、数十枚の証書を重ねずに並べておく

2019年7月。大道塾総本部が豊島区高田に移転した際の道場開きにて、高弟たちと

2020年、1月12日(日)、リーガロイヤル早稲田にて開催された「大道塾設立40周年・空道創始20周年を祝う会」での記念撮影。結果として、塾長にとって、集大成ともいえるイベントとなった

及とは、大なり小なりズレた方向への運営方針の変更や、競技ルールの変更が起こりうる気がする。

だから、長田の世代と、その次の世代くらいは、まだ日本・大道塾の主導で空道をコントロールし、そのポリシーが揺るぎないものとなっていくにつれ、徐々に空道の運営を司る体制も、クローズなものからオープンな方向へ移行していくくらいがよいペースではないかと考えている。

しばしば、空道と大道塾の関係は、柔道と講道館のように例えられるが、IJF(国際柔道連盟)・全柔連(全日本柔道連盟)と講道館の場合は、時代のタイミングにより、講道館も全柔連も公益財団法人になることが出来たからいろいろな面で融通が利いた面があり、大道塾の場合、これからの社会の中で、そういった法人として認められることは現実的には難しいことだ。現状、任意団体である大道塾のスタッフが実務的に一般社団法人でありNPO法人である空道連盟の運営を行っているような内情があり、これは形としてはいびつであり、徐々に相応しいかたちに変化させていくことは必要だ。

いずれは、大道塾は空道連盟の中で、武道としての歴史と伝統を守る部門として日本が取り仕切り、空道の競技としての国際的な運営に関しては、国際的な合議のもとで行っていく……そういった段階に入らねば、未来は切り開けないだろう。

「いつか塾長が亡くなったあと、空道がより発展したとしたら、それは東孝の生み出した競技コンセプトが素晴らしかったということだし、もし塾長の死後に門下生たちが空道から離れていったとしたら、それだけ塾長が愛されていた（『塾長がいないんだから組織に残る意味がない』と思った）ということ。だから未来がどっちに転ぼうと、塾長にとっては喜ぶべきことです」

そんなことを言って、闘病中の私を慰めてくれる弟子もいたが、いやいや、私にとっては「私自身が愛されていた」と分かることなどより、私の人生の半分以上、40年の努力が結実すること……つまり空道という競技が広まることの方が、よほど大切だ。それゆえ、このところ、今後の組織を固めるためのミーティングを重ねており、次世代への橋渡しはほぼ完了したと考えている。

10. シニア層への普及について

「1981年に北斗旗ルールの大会がスタートしたときのパンフをみたら、競技を総合格闘技化するメリットについて『寝技の攻防が占める時間を長くすれば脳がダメージを負う率を下げられる』と塾長は書いていた。空道を社会体育として、少年から壮年まで幅広く、長く親しみうるものにしていくうえでの観点からみて、先見の明が凄い」

そんな評に対し、むず痒く感じるのは、正直なところ、当時は、シニアクラス（壮年層）での競技普及までが構想としてあったわけではなく、シンプルに、選手がのちに、いわゆるパンチドランカーになることを防がなければ、という思いがあっただけだったためだ。

私自身が、グローブ着用で練習していて、よいパンチをもらった次の日の頭のじくじくした感じから「こんなことを繰り返していたら絶対よくないよな」と思ったり、あるとき、自分でしゃべっていて、途中で何をしゃべっているか分からなくなったりした経験を通じて、北斗旗……のちの空道に繋がる競技ルール（グローブを着用する

夢枕獏さんは、80年代中盤から現在に至るまで、
大道塾・空道を温かく見守るサポーターである

のでなく、手は素手に近い状態を保ち、代わりに顔面をプラスチックで覆う防具を着用し、打撃から寝技までを行う。寝た状態の相手の頭部への打撃は寸止めでポイント制）のコンセプトは固まったのだが、まさか30年後、40年後と時を経たときにシニアクラスの稽古や大会が空道の運営基盤のひとつになるとは……。

その普及のきっかけは、作家の夢枕獏さんが、90年代前半に大道塾総本部のシニアクラスの稽古とそこに通う塾生の姿をモチーフとして「空手道ビジネスマンクラス練馬支部」という小説を執筆し、のちにNHKでドラマ化（奥田瑛二主演）されるまでに至ったことにあろう。

その後、東京大学の教授であった松原隆一郎をはじめとした「大人」たちが、入門、稽古、試合出場、昇級、昇段……と挑戦を続けることで、当時の「空道は過激な競技ゆえ、若者が取り組むもの」といった固定観念を打ち破ってくれたのだ。

空道の現状は、私ひとりの考えや行動で至ったものでなく、多くの人の考えや行動によって、辿り着いたものなのだということをしみじみ思う。

11.「定法」について

シニア層への普及が進むにつれ、これまで通り、試合を組手のみ、昇段審査を組手重視で行っていくのでは不十分であることが感じられるようになった。

若いときは組手で力を誇示したくなるものだが、歳を取れば、そういった気持ちも落ち着き、身体も組手には耐え得ない健康状態になっていったりするものである。そんな世代の目標とすべく、空道の形のようなものを「定法《じょうほう》」として普及し、その競技化までをはかることで、形を磨き、後進に伝えていくことをモチベーションにさせられないか、と考えている。

「空道はコンセプトを定めるものであり、その技術を定めないものだからこそ、技術の形骸化が避けられ、型に囚われず進化していくものである」というポリシーと矛盾しているようにも考えられるが、要は「最初は型から学んで、その段階を修了したら、それぞれ自らのオリジナルを開発していく」「絵を描くには、デッサンを描いて描いて描きまくって、はじめて創作に入る」のが良いということだ。

だから、考え方としては、定法といっても「基礎として習得しておくべき技術を表現したもの」と「大会で活躍した者や、高段者が、自らの得意技を表現したもの」の2通りが考えられる。

組手の試合と形の試合、双方が空道の両輪となる日がくることが、理想だ。

2018年の第5回世界選手権・決勝戦を前に、サプライズ的に披露された東塾長の演武。関節蹴り（①）から頭突き（②）、相手を投げて（③）、キメの突き（④）と、試合では禁止されている技も含め“路上の現実”的な攻防を展開。最後の演武で「定法」のお手本を示したかたちとなった

第Ⅳ部・

家族、空道・大道塾の関係者への感謝と、今後への期待

1. 妻・惠子について

大道塾の事務局長の立場を担ってもらっている妻・惠子だが、約十年前、小脳梗塞を起こしたことがあった。その時には、病院で脳の写真をみせられて、一部が真っ黒に映っていて「良くても長嶋茂雄さんくらいの麻痺は残るでしょう」と言われて、真っ青になった。ところがケロッと回復して。さらにその後、足が着かない高さの椅子に座ろうとして、ドーンと後ろに倒れて腰の骨を折って、7センチ身長が縮んだ。

日本の老夫婦の多くは、旦那の方がヨレヨレになっても奥さんは元気なことが多く、旦那が死んでからも奥さんは一人で人生を謳歌したりするものだし、逆に奥さんが先に死んでしまうと旦那は平均5年くらいで死んでしまうという。だから、そんな大怪我が重なるとさすがに心配になり、いつも「いいか、俺とお前、どっちが倒れたって、大道塾が倒れかねない。気をつけてくれ」と口酸っぱく言っていたのだが、今回の私の件で、そんなに偉そうには言えなくなった（苦笑）。

2. 娘・由美子について

娘・由美子は早稲田大学を出て、アイルランド、イギリスへ行って、二年ほど語学留学して、航空会社ブリティッシュ・エアウェイズに就職した後、海外とのやりとりに携わりたいという希望があって日本商工会議所に入社したのだが、2014年の第4回世界選手権の際に、私としても巻き込みたくない気はしつつ、あまりの人手不足に「手伝ってもらえないか?」と言ったら、悩みつつもこっち(空道運営の業務に)入ってくれた。TOEICで九百二十五点取っていて、かなりの収入を得ていたのに、不安定な道を選ばせてしまった点、ある意味、由美子の人生を犠牲にしてしまったように思っている(親バカと思われないように補足しておくと、一般的にみれば優秀なように評価される由美子の英語キャリアをもってしても実戦ではまだまだ通じないことがたくさんあり、業務をこなせているのは、コノネンコや、ファビアンという道場生のフランス人に助けてもらっているからこそではある)。

由美子は「現場を知ってこそ分かることがあるから」と、本来は格闘技や武道を好むタイプではないにも関わらず、空道の稽古、試合にも挑み、その過程において、亮汰と出会った。

由美子からは「私は、お父さんのせいで結婚できないのよ！」と言われたことがあり「そうか〜、確かに俺が父親と知っていたら、恋愛対象としてはみれないかもなぁ……それは申し訳ないなぁ……だったら、ニューヨークに支部を開きたいというのは俺の一つの夢だから、その運営の手伝いに派遣して、そっちの人間と付き合っていけば、向こうの連中はフランクだから、チャンスはあるんじゃないか？……しかし、空道、大道塾の運営面を考えると、塾長の娘が国際結婚していいのか、などという考え方もされるかもな。将来的には国際的になっていくべきだと思うけど、文化的な伝統だとかががっちり固められる三代目くらいまでは、国際結婚はない方が安定はしやすいのだろうな……けど、やっぱり娘の幸せが第一だよな」などと勝手に思い浮かべていたのだが、大きなお世話だったわけだ（笑）。

3. 孫・竣仁

杞憂をよそに由美子と亮汰が結ばれ、竣仁《たかと》を授かった。そもそも、正哲のときもそうだった（本人は「俺がやるんだ」と一人で張り切っていたらしいが）が、心情的には、空道や大道塾を「継いで欲しい」とは思っていない。

というのは、変な話、卑しい言葉で言うところの「おいしい仕事」だったらいいけれども、本当に大変だから、だ。親や祖父としては、普通のサラリーマンをやって安定した生活を送ってほしいという思いはある。

そもそも「男だ女だという時代ではなくなったのだから、二代目は由美子お嬢さんが継ぐべきでは？」などという声もあったが、実戦で強弱を争わず形のみで修練を積む武道ならともかく、試合が活動の基盤である武道の場合、やはり「強さ」が競技実績によって明確であることが信頼を勝ち得る大きな要素となるだろう。空道、大道塾の運営の現状においては、競技実績のない者がトップに立った場合、わだかまりが生まれることは目にみえている。

そういったものが生じないようにするためにも、今、一所懸命に進めているスポーツ協会加盟を加速させ、民間の任意団体という立場から脱し、公的資格を持った団体になることだと思う。

選手を育てる団体（大道塾、その他）の上に、競技を運営する連盟が公的資格をもった団体として成立するようになれば、そちらの理事長なりは、競技の経験がまったくなかろうと関係なく、運営の手腕だけで評価されるようになろう。

そういった時代に空道が入るまでは、競技実績のある者が大道塾のトップに立つべきだし、そういった時代に入ったら入ったで、なおさら競技実績や血縁などと関係なく運営手腕の優れたものが率いていくべきだろう。

まだ1歳の竣仁に、亮汰はもう家の中で（遊びでだが）ミット打ちなどを行わせているようで、竣仁本人も「オス！」と言って面白がってやっているから、それはそれで「やらせるな」ということはないし、逆に、後を継いでいかなくてはならないのかと言えば、そんなことは全然ない。どちらの道を望もうと、自由を奪うことはあってはならない。

4．亮汰と運営スタッフについて

私自身、なるべく相手が緊張しないよう配慮しているつもりだが、組織の中で、立場の上下のある関係の中で会話すると、どうしても過度の緊張感は生まれがちだ。しかし、亮汰というのは面白いヤツで、それがない。過剰にかしこまることなく、本当にフラットに、一緒にいて違和感なく、かといって、それが横柄だとか礼儀を知らないとか、そういうこともなく、気配りもきちんとしている。これはなかなかやろうと思って出来ることではない。亮汰は小学校入学と同時に大道塾に入門しているが、少年部のうちからの稽古の中で、年齢の上下の中での付き合い方、けじめ、礼儀といったものが自然と身についたのではないか。

私自身が父親のことを「父さん」と呼んでいたこともあってか「父さんと呼ばれたいな」と思うこともあり、亮汰にそのことを伝えたこともあるのだが、本人は「いや、いや、いや………」と尻込みした態度をみせ、今のところ「塾長」としか、呼んでくれない（苦笑）。

「塾長」という言葉は、もはや、いわゆる組織の長としての意味をもつものでなく、東孝を指す一つの記号のようなものになっているのかもしれない。「ここまでは仕事だから『塾長』で、ここからは家庭だから『父さん』」とか、使い分けることもなく、生活すべてにおいて、私は「塾長」という個体なのだろう（笑）。

亮汰は選手として凄いのはもちろんのこと、組織において仕事をこなすうえでも優れている。頭脳明晰で一を聞いて十を知るタイプだから、経験を積み、歳をとれば、良きリーダーとなるだろう。

大道塾の寮生となる者の多くは高卒とともに地方から上京して住み込みの暮らしをはじめるわけで、亮汰もその中の一人だったわけだが、このパターンで空道の一員となった者は、良くも悪くも、個性が強いことが多い。

ぶっちゃけた言い方をしてしまうと、会社勤めには向かないタイプ（笑）が多いのだが、亮汰は選手としても、組織の中の人間としても、優れた能力を発揮できるタイプだと感じている。

ただ、だからといって、私の次に、二代目として団体を率いる立場になるべきかといえば、やはり時期尚早かと思う。私が大道塾を始めたのは31歳の時だったが、今になって思えば31歳の自分はまだまだ未熟だったとも思う。亮汰はまだ、24歳だから、

［東孝と妻子、そして孫］

仙台に総本部があった頃、屋上にて。息子・正哲と娘・由美子がトレーニングのお手伝い

2000年初秋に正哲を不慮の事故で亡くしてからは、毎年、命日に事故現場で花を手向けていた

2017年7月、由美子の結婚式。ヴァージンロードを歩む

熱唱する父親と、仁王立ちの息子……

2018年に生まれた初孫、竣仁と。道場での飲み会でも、人目を憚らず

合宿中のひととき

義理の息子となった清水亮汰とは、実の親子のように気さくに話せる関係だった

2000年春、早稲田大学に入学したばかりの正哲が関東地区の交流大会で優勝したため、テレながらトロフィーを渡す

病が発覚してから、何をすべきか考えたときに、なぜか最初に思い浮かんだのが「仙台から東京に、家族を伴って進出してきた際に暮らした〝光が丘〟の街並みを久々にみたい」ということだった。集合住宅が連なるありふれた風景に、思い出が詰まっていた

2021年4月1日。死の3日前。
最後まで拳を握り続けた

カバー写真を撮影した際のオフショット

死の数カ月後、塾長のスマートフォンに“自撮り”ショットが残されているのがみつかった

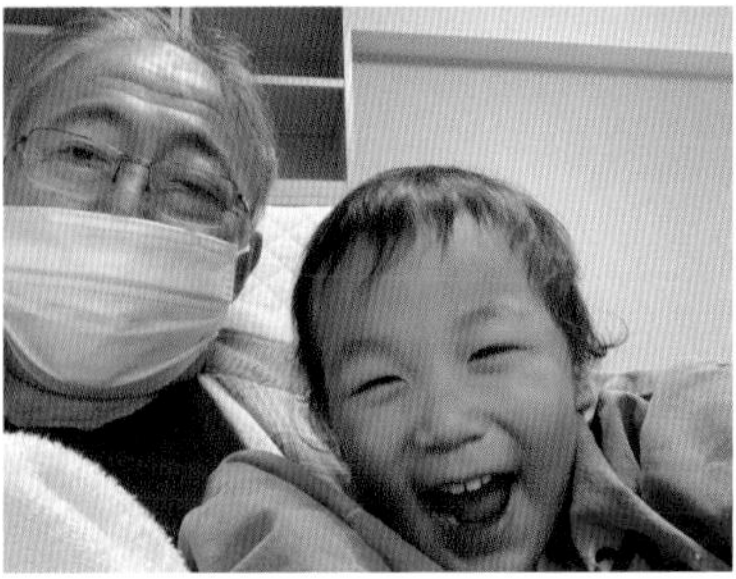

30代になるまでは、まだまだ選手として、それから、支部を持って運営するなどして、経験を積むべきだろう。

確かに、創始者が世襲で息子に譲るかたちは、稽古事の世界においては、大多数の納得を得られやすく、第三者が継いだ場合、周りが相当しっかりしてサポートしないと、下手をすると、団体分裂の可能性が高まる。一方で、20代前半のような若さの者がいきなり組織のトップに立った場合、一回り、ふた回り年上の組織幹部たちとの間で、軋轢が生まれやすいのも確かだろう。

柔道において、講道館では、嘉納治五郎の次に、南郷次郎という人が二代目館長となり、その後、三代目は嘉納家に戻った。そんなかたちで、大道塾も、まずは世襲ではないかたちで二代目の塾長を選出し、その後、機が熟すれば三代目を東家に戻して亮汰を塾長とするべきか考え、さらに、この三代目くらいまでで社会的に、国際的に、組織を揺るぎないものとできれば、その後は「世襲である必要はないし、東家の者が継ぐことにもメリットがある」という自由な状況のなかで、その世代の判断で選択がなされていけばよいいなぁと思う。

むろん、前述のとおり、道場生が所属し稽古する場としての大道塾の運営と、競技を行う場としての空道の運営とが、しっかりと分けられて行われるよう整理していくことも今後の課題だ。あらためて記すが、空道競技の運営を行う空道連盟に関しては、国際的な規模において、当面は日本が主導で仕切り、社会体育・武道としての方向性が揺るぎないものとして定着した段階で「必ずしもトップが日本である必要はないし、日本が率いていくことにもメリットがある」という自由な状況のなかで、その世代の判断で選択がなされればよいと考えている。

ただ、一番ネックになるのはやはり、金銭的な問題で、任意団体に過ぎない大道塾に収益があり、その月会費なり段級審査料などの収益の中から、空道連盟に臨時金という名目で運営費を回し、それによって競技運営が成立している現状がある。競技開催による出場料・観客入場料・広告料だけでは厳しいかもしれないが、何らかのかたちで、早期に空道連盟が経済的に自立して、逆に「連盟の中の一部門として大道塾があって、空道連盟から大道塾に予算が回る」くらいにして欲しい。嘉納家にしても、柔道普及に尽力してきたにもかかわらず、一時的には柔道界から急に遠ざけられ、苦境に立たされたというような話を聞いた。同じように、自ら興した団体の業務に家族や、その友人までもを従事させてしまった身としては、組織運営のシステムが変化していく過程において、その功労者たちの生活が守られるよう配慮してほしいという思いはある。

選手として活躍したり、運営の役職に就いたり、指導者になったりした者は、その実績が評価されやすいものだが、裏方的な実務で空道連盟および大道塾を支えてきた面々に対する労いも忘れないで欲しいということだ。

親戚や家内の知り合いだったりを、最初は「パートで週1回でいいから」なんて頼み方をしていたのに、いつの間にかどっぷりと逆に週に1日休むだけのレベルに浸からせてしまった。現在の事務局の実務の主軸を担う田中理恵子さん、柴田伊都子さんも、パソコンの扱いもまったくゼロから覚えるくらいのところから、今では、大道塾の内情を知り尽くし、（「ショボい」売り上げながら）世界を相手にしてキーを叩く、空道にとって欠かせない存在となっている。

今後の業界の競争のなかにおいては、国際的なレベルで一括で、入門から連盟登録の更新、昇級・昇段、支払いの管理をコンピュータで管理するようなシステムの導入を行っていくことは必要不可欠であり、このあたりの移行の準備を「空道推進委員会」の金子哲也（新宿西支部支部長）・里佳夫妻に進めてもらっていて、とても頼りにしているのだが、旧システムから新システムへの移行が、急激すぎることもなく、かつ何らかのわだかまりも生まず、スムーズに完了することを願っている。

深紅の北斗旗を手にした清水亮汰

5. 長田賢一について

私は、次期大道塾塾長に長田賢一を推薦した。私には、当時、高校生の長田が入門してきたときから「俺の後を任せるとしたらこいつかもな」という思いがあった。ただ、そのことを口にしては、他の門下生にとって良い刺激とはならないだろうし、その結果として長田にもいい影響を及ぼさないだろうから、誰にも言わずに今に至ったのだが、直感的にそう感じていた。

それから40年に及ぶつきあいを経ても、彼から「武道に対する人一倍の純粋な気持ちの強さ」を感じることに変わりはなかった。加えて、社会性や、社会的認知度、競技者としての実績、やる気、世界に対する説得力……あらゆる面を考え併せたうえで、私のあとを任せるのにもっとも相応しいと考えた。

人間的には、実は本当にナイーブで、人にだまされやすい面もあり、心配ごとがいっぱいあるのだが、それを差し引いても、やはり頼りになる男だと思っている。

②

①

③

山田利一郎(①写真左)と、加藤清尚(②写真左)と、北斗旗決勝において、名勝負を繰り広げてきた長田。ムエタイ王者とグローブマッチで対戦しても、その凛とした佇まいに変わりはなかった(③写真右)

6. 高橋英明について

次期の空道連盟のトップに推薦した高橋英明は、私が極真会館の宮城支部・支部長だった頃、道場に入門してきて、極真の東北大会で活躍し、全日本大会にも出場した。東北大学で原子力の研究をしているインテリであるにも関わらず、その組手は前へ前へと出るスタイルだったから「コンピュータつきのブルドーザー」と評されていた。

その後、高橋が就職し、5~6年の海外勤務を経て帰国した際に「東京勤務になったのですが、東京で稽古は出来ないのでしょうか?」と言ってきたことが、東京で物件を探すきっかけとなり、新宿区弁天町の上地流空手の道場を間借りするかたちで「大道塾東京支部」がスタートし、それがのちの大道塾総本部の東京移転→東京を中心とした全国展開→日本から世界への普及に繋がっていったわけだ。

その間、高橋は、大道塾新宿支部支部長として、後進の指導にあたる一方で、三菱総研という大企業の幹部にまで上り詰め、さらにその社会経験を活かし、空道連盟の運営においては、右に左にと極端に走りがちな方向性に対し、冷静に抑止を掛ける役割を担い続けてくれていた。やはり、信頼は厚い。

①

②

①写真は、76年の極真会館宮城支部夏合宿。前列左端が東塾長、2列目右から6番目が高橋英明・現全日本空道連盟理事長。②写真は、史上唯一、全日本無差別決勝が「不戦勝」だった際のコールを行う高橋(96年)。東塾長の片腕として、常に大任を担ってきた

編集にあたって

元格闘技通信編集長・朝岡秀樹

「これでいったんまとめて、あらためてご連絡します」

「は～い、ありがとう！」

2021年3月26日、これが東塾長との最後の会話だった。

亡くなる8日前、LINEでのビデオ通話。

前日、3月25日に届いた、塾長の修正の入った「最後の自叙伝」原稿についてのやりとりだった。

塾長は、24日に亡くなった古賀稔彦さんの訃報に触れ、あえて自身の闘病について詳しく記す方向に修正を加えていた。

「最後まで周囲に病状を知らせないで死ぬというのもよいが『末期癌になったら、こうなってこういう感じだよ』というのを語っておくのも、これから同じ病を抱える可能性のある人の安心のために、よいのかもしれないと思ってな」

画面に映る、自宅にてパジャマ姿で椅子に座った塾長。その鼻には、酸素を供給するためと思われるチューブが差し込まれていたが、表情は穏やかで、口調もいつもと変わらず、のんびりとしたものだった。

この後、3月30日火曜日の16時25分には、5月9日に開催される全日本選手権の成績が2022年開催の世界選手権日本代表の選考にどのように関与するかについて説明したメールを頂いている。

息を引き取ったのは4月3日土曜日の14時35分だというから、まさしく、死が迫る最後の数日まで、自らの創始した「社会体育」「総合武道」空道に取り組む後進のために、身を捧げていたということになる。


1986年、16歳のときから東塾長に師事し、2021年現在はベースボール・マガジン社の書籍の企画〜編集を日常業務とする私（朝岡）に「メモの用意をして、連絡くれ」というショートメールが入ったのは、2月7日のことだった。電話してみると、内容は「末期癌に罹っていて先は長くないかもしれない。

伝えたいことを原稿にまとめてメールで送るから、その後、電話でやりとりして修正を加え、本にまとめてくれないか」というもの。急ぎ、社に企画を上げ、条件を折衝し、制作が決まると、それから1ヶ月半に渡り、メールでの原稿のやりとりとビデオ通話を重ねることで「最後の自叙伝」あるいは「遺言」とでもいうべき書籍の内容は、揃いつつあった。

東塾長は、この「最後の自叙伝」において、武道や格闘技に対する考えや、空道という競技・大道塾という団体・そこで触れ合ってきた人たちへの想いを巡らせている。

一方で、抗がん剤治療を経て、自宅で生活を送りながら緩和ケアを受ける日々、2021年に入って容態が悪化し入院を余儀なくされ「短くて1ヶ月、長くて3ヶ月」という宣告を受ける→好転して2月下旬に退院……といった闘病の様子も、細かく綴っている。

最期の最後まで、なんと前向きで力強い生きざまなことか。

ここであらためて、塾長の足跡を辿ってみよう。

東孝。

実は〝おぼっちゃん〟である。

兄が2人、姉が4人いる7人きょうだいの末っ子。それだけの大家族でありながら、早くから自室を与えられて育ったという。なぜなら、実家はもともと、東京ドーム数個分もの田畑を所有し、文化財に指定されようかという、数百年前から建つ大屋敷に居住する大農家だったからだ。

塾長といえば、泰然とした、小さなことは気にしない、親分肌の人柄のイメージがあるが、本人曰く「もともと、部屋で静かに本を読んでいるような子だったんだ。対人関係で神経が太くなったのは、自衛隊に入って、数十人の大部屋で厳しい規律の中に身を置いたからだよ」

中学時代は野球部で4番・キャプテン、高校で柔道を始めて県内のトップ戦線に。高卒後、自衛隊を満期除隊すると早稲田大学入学、極真会館総本部に通いはじめ、ほどなく早大極真会を設立、キャリア5〜6年で全日本優勝（1977年第9回大会）。華麗な組手で人気の高かった二宮城光に対し〝重戦車〟と評される対照的な組手で鎬を削り、第2回世界選手権（1979年）ではベスト4入り。この経歴だけみれば、球技・武道から学業まで天分でソツなくこなす器用な人間のようにもみえるが、実は、考えに考えを重ねるタイプだったというのだ。

思考を巡らす繊細さと、思い立ったらやらずにはいられない末っ子気質。そのケミストリーが、世界に普及する新たな武道を生み出すとともに、極真空手からグローブ打撃競技、MMAまで格闘技史に多大なる影響を及ぼしたといえるだろう。

東孝が台頭するまでの極真空手の試合といえば、フルコンタクトがウリとはいえ、第5回全日本大会（1973年）決勝の山崎照朝vs盧山初雄に象徴されるような、伸ばした腕で正中線を守り、後屈の構えで間合いを保ち、打っては離れるという、顔面突きに備えた展開が美徳を保っていた。

それに対し「ルール上、顔面を打たれないんだったら、首から下の打ち合いで負けない体力を養って、前へ出続けて間合いを詰めることで、上段蹴りを封じちゃえばいいんじゃないの？」と、鍛え抜いた身体と、パンチの連打からの下段蹴りを駆使し、暗黙の予定調和をあっさり破ってしまったのが東孝なのである。

その組手をルーツとするスタイルは、中村誠や早大極真会の後輩であった三瓶啓二によって70年代後半から磨きあげられ、80年代前半には、白石昌幸、田原敬三らに継承され、80年代中盤以降は黒沢浩樹を筆頭に全盛を極め、90年代には数見肇らによって醸成される。

そんな極真ルールの試合展開の変遷をよそに、潮流を導いた張本人である東は、70年代後半には「顔面突きのないルールだから、顔面突きに対処できない組手スタイルになってしまう。極真空手が最強であるためには、顔面突きを、さらには組み技競技にも対応するためには組み技をも、認めたルールにすべきだ」と、大山倍達総裁に主張していたのだから〝純粋な探求心が起こすマッチポンプ〟と讃えたい。

そして、その希望が受け入れられないと悟るや、極真会館・県支部長の職を辞し、大道塾を興し、81年にはヘッドガード着用、顔面パンチ、組み技ありの北斗旗ルールの大会をスタート。

顔面打撃に対応する間合いの維持を必然とし、岩崎弥太郎が西良典を、加藤清尚が市原海樹を下すという〝小よく大を制す〟スペクタクルを実現してみせた。

2001年には〝空手〟というブランドをも捨て〝空道〟という新たな競技名称を冠し、世界選手権を開催する（原則4年おき、2018年には第5回大会を開催）。

世界約60ヶ国に認可支部をもち、国内では国民スポーツ大会（これまでのいわゆる国体）で競技採用（2026青森大会）されるまでに至った空道。極真空手から派生した競技・団体で、〝極真〟というブランドにしがみつくこともなく、〝空手〟という道場経営上絶対的な宣伝力をもつ名称をも捨て、独自の競技を形成し、ここまでの規模に発展させた組織は、他にはあるまい。

では、何が世に受け入れられたのか？　集約すれば、先見性があったということだろう。

今でこそコンプライアンスという言葉が声高に叫ばれるが、60〜80年代の格闘技界においては、裏社会との繋がりや、出来試合（いわゆる八百長）の有無という点で、曖昧な部分があった。東孝は、独立の際に、そういった後ろ暗さとの決別をポリシーとして掲げ〝社会体育〟という直接的でない言葉をシンボルとした。

このポリシーは、ときにプロ競技に挑もうとする弟子に対し、手綱を引くもの

[東孝を育んだ情景]

田園の中央にみえるのが、東塾長の生家

リフォームこそしているものの、築400年近くを経て、今も生家は健在だ

小学校入学時

後列中央が東少年。腕白だった小学生時代

生家の庭で、兄(長兄)の息子と柔道の打ち込み稽古

第9回全日本空手道選手権大会（極真会館主催）優勝を生家にて家族や親戚たちと祝う。中央の東塾長の右が父君、さらに一人おいて右が母君

となり、傍目にはもどかしく映る面もあったが、この実直さがなければ、空道が各地域でスポーツ協会（これまでのいわゆる体協）加盟に至ることもなかっただろう。

そして、法令遵守にこだわりつつ、一方で、実戦性は追求した。

顔面へのパンチ・掌底・ヒジ打ち・頭突きOK、着衣により袖や襟やベルト（帯）を掴んでの組み技あり。

それでいて、普及のために安全性の担保にも配慮した。

北斗旗ルールがスタートしたとき、当初は打撃と投げまでが有効で寝技は行われなかったが、パンフでは「選手が技術の幅が増えることに慣れ次第、加えていきたい」と述べられており、その理由は「寝技の攻防が占める時間を長くすれば脳がダメージを負う率を下げられる」「様々な攻防が行われることで芸術性が増す」というものだった。意外かもしれないが、東孝が寝技に意義を見出していたのは、実戦性とは別のところだったのである。UFC登場以降の潮流のなかで、マウントパンチ、パウンドの直接打撃を認めなかったのも、頷ける。

グローブを着用するのでなく、手は素手に近い状態を保ち、代わりに顔面をプラスチックで覆う防具を着用するルールを採用したが、それもまた、競技の実戦性・安全性・大衆性のバランスを取るうえで、絶妙な塩梅だった。

仮に、空道がキックボクシングやボクシングのようなアンコの入ったグローブ着用の競技だったら、どうだろう？　それでは、襟や袖を持っての投げ技や絞め技が出来ず着衣ＭＭＡとしてのアイデンティティーは損なわれていただろう。

仮に、空道がＯＦＧ着用＆素面で行われたらどうだろう？

現状の空道ルール通り、相手の襟を引きつけての頭突きや肘打ちや掌底打ちが合法のままだったら、鼻骨や眼窩〜口腔周囲を骨折したり、指先で眼球を傷つけられたり、網膜裂孔〜剥離に見舞われたりする選手は後を絶たないに違いない。

その競技は、現状の空道より実戦的な競技ということになるのだろうが、一方で、その競技は、その試合模様の凄惨さゆえ、一部の勇猛な人だけが取り組む競技となったろう。それで現在の空道より優れた選手を生み出せていたかといえば、疑問である。

選手人口5000人の競技Aがあるとして、Aと類似した選手人口100万人の競技Bのトップが1年だけAへの対応を磨いた方が、競技Aにおいても、Aのトップを凌駕してしまうことは、想像がつく。

最強を決めるルールから離れてこそ、最強は育まれる。なぜなら、親が子どもにやらせたいと思う競技であることが、選手層の厚みをもたらすからだ。ソフトの量はハードの質を凌駕する。

嘉納治五郎は「万人が取り組みやすいようにまずは打撃を排除した組技だけの競技を行い、ゆくゆくは顔面の防具を開発し、打撃もありの着衣総合格闘技をやろう」と青写真を描いていたと聞く。

そうして柔道が生まれ、結果、世界中で教育の一環として普及し、その膨大な人材量のなかから、幾多の優れたMMAファイターを生むに至らしめたのだとしたら。

明治~大正の時代と異なり、強化プラスチックなどの化学的素材を活用した顔面防具を頒布できる現代ならば、それを用いて万人が取り組める着衣MMAを行うことは、嘉納の求めた道に合致するともいえよう。

攻撃部位のうち拳のみに攻撃力を弱めるグローブを着け、足には何もつけないよりも、攻撃を受ける顔面に防具を着けることの方が、現実の拳と足の攻撃力の比率を試合で再現しうるという考え方もできる。

空道（北斗旗）ルールは、岩﨑弥太郎、西良典、長田賢一、山田利一郎、加藤清尚、市原海樹、飯村健一、小川英樹、山崎進、藤松泰通、セーム・シュルト、加藤久輝、中村知大、清水亮汰、岩﨑大河、大倉萌……といった個性溢れる歴代王者を育み、ファミリーツリー的見地でいえば、大道塾から派生した団体の出身・在籍者としては、宇野薫や岡見勇信、朝倉未来・海、井上直樹、魅津希、未奈…らが各界で輝いている。

現代の世界のMMA市場の隆盛は、かつての日本のPRIDE．などの成功を継承してのものであり、その日本MMAの発展の歴史を辿れば、源泉として、市原海樹のUFC挑戦がある。

片や、グローブ競技界に目を向ければ、国内重量級キックボクシングの活性化→無差別トーナメントのトーワ杯開催→K-1の誕生という流れを生む契機となったのは、西良典のロブ・カーマン挑戦だろう。

〝思考を巡らせ、思い立ったらやる〟

東の気質、起こした行動は、一般社会で働く老若男女が嗜みうる「総合武道」競技を世界に浸透させるとともに、打撃系、総合系、双方のプロ競技の現在の隆盛にも大きな影響をもたらした。

東塾長の逝去後、ほどなくして、後任の塾長に、長田賢一が就任することが発表された。長田といえば、右ストレートを武器にヒットマンの異名をもち、80年代後半から90年代初頭に掛けて、格闘技界に名を馳せ、プロの世界での活躍を望まれつつ、武道家であることに拘り続けた、東塾長のポリシーの体現者ともいえる人物だ。

この人事は、東塾長による選任に基づき、2021年3月14日に行われた大道塾運営会議を経て承認されたもの。ZOOMで行われたこのリモート会議への参加をもって、塾長は次世代へのバトンタッチを終えたのだろう。

そう。２０２１年3月10日の東塾長の問い（Ｐ59）に対する返答はここに、明白なのだ。

「あなたの行動は、何もかも、正しかったです」

東孝は、偉大な変革者であった。

巻末付録　インタビュー

自らを語る「素」の東孝

2021年2月、コロナウィルス感染の危険性に配慮し、書籍制作に関する著者（東孝）と編集者（朝岡秀樹）の打ち合わせは、LINE通話にて、繰り返し、行われた。その中の会話から、著者の人柄が感じられるくだりを、ボーナストラックとして、収録したい。

――幼少の頃のお話をうかがっていると、先生はずいぶんと「おぼっちゃん」だったように感じられるのですが……。

東　そうだよ（笑）。俺の世代が三十何代くらいで、十七代の人が気仙沼市の副市長みたいなことをやったんだよ。当時、農業がすごい力を持っていて、その頃に、肝煎り……庄屋をやっていた。だから、結構大きい家ではあったんだ。

――庄屋とはどういったものですか？

東　殿様に命じられて、その地区の治安から何から、地域で言う檀家とか、そういうのを統制するのが庄屋だな。

――伊達藩の？

東　そう、伊達藩の。

――御実家の家屋は築何百年とか。

東　築三八五年とかと言っていたかな。

――江戸初期ぐらいに建てられたということですよね。

東　一六四〇年とか、その辺りだな。

――その時代の日本の家屋は、当然、木造なのですから、凄くしっかりした建物ということですね。

東　そうそう。だから、東大の研究グループなんかが来て文化財にしたいと言ってきたんだけど、文化財にしたら手を入れられなくなってしまうから、リフォームしたくて断ったらしい。

――先生もそこでずっと育たれたわけですよね。どれくらいの広さでしょうか？

東　家そのものは本当に何坪あるんだろう。家だけで二〇〇坪かな。

――それは平屋ですよね。

東　うん、平屋。

――では、平屋で部屋がいっぱいあるような。

東　部屋はいっぱいある。中二階というのも二つぐらいあった。住み込みの人が、そこで暮らしていた。

——それは、いわゆる大地主？

東　大地主だよ。うちの周りは田んぼだったんだけど、東京ドームが二つ三つあるぐらいの田んぼの中に、うちはぽつんとあった。

——では、とても裕福で？

東　それが、俺の三代前か四代前で、どんどん現金収入というのが必要になってくる時代になってきて。昔は米さえあればよかったのが、現金収入が必要になってきたのよ。それで、東家はヤマっ気を起こして「事業をやろう」と言って宮城県と掛け合って、宮城県県北の電信柱の敷設を請け負ったんだけど、電信柱の寸法が合わなくて、全部キャンセルされて、借金を負って、家中のものに全部赤紙を貼られたらしい。

——それで、東家は……。

東　ぎりぎり。俺のおやじは当時「これからは百姓をやっていてもダメだ。世に出て商人になろう」と思って、家を出て、気仙沼の角星という酒屋の番頭をしていたんだけど「帰ってこい」と言われ、実家に戻って死に物狂いで働いて十二人の家族を食わせていたんだ。飲むと「くそっ、なんで俺が借金を……」とこぼしていたよ。

——十二人というのは、誰と誰で十二人になるんですか。

東　だって、俺が末っ子で、子どもは七人兄弟だぜ。七人兄弟で、じいさん、ばあさんがいて、それに加えて親戚の人もいたりして。

——上にはお兄さんとお姉さんは何人ずつ？

東　一番上が長男で、その下が長女、次男、次女、三女、四女と女が3人続いて、七人目で俺。

——三男坊で末っ子ということであれば、大体一般的に言うと、かわいがられて育って甘えん坊というイメージなんですが。

東　そうだよ。それだから好き勝手をやって、それだったから、好き勝手が高じて、問題児になったんだよ。末っ子のことを「ばっち」というんだけれども「ばっち」「ばっち」と言って、何でもうまいものを食わしてくれたり、小遣いをくれたり、甘やかしてくれたから、そのつもりで学校でもわがままに振る舞っていたから、問題も幾つもあったんじゃないかな。

——逆に言うと、そういう末っ子タイプの人って自由人で、発想とかは豊かだけれども、組織の長となって下を率いていくという業務には、長男とかに比べて苦手なイメージがありますけれども。

東　まさにそのとおりだよ。だから、俺、今回、書いたじゃない。癌の告知を受けたときに「俺は一生好きなことをやったからいいや」と娘に言ったら「お父さんは無責任だ、ほかの人のことはどうするの？」とたしなめられた、と。その時、ハッと「そうか！　俺、組織の長なんだよな」って、思ったくらいで。

——そのような末っ子気質、自由人の先生が、よくぞ大道塾空道をまとめ、発展させてきたなぁと思います。

東　俺、お坊ちゃんなんだけどな。右から左へ話が通ると思って親に「大学に行きたい」って言ったら、おやじに「百姓が勉強して何になるんだ！　おまえ、すぐ就職しろ」って言われて、その時に「あぁ、家は大きくても、ウチには金がないんだな」って気づいて。それで自衛隊へ入ったり新聞配達したりで3年間を過ごしたんだ。そんな中で、社会勉強したと思うよ。人を使うということはどういうことかとか、人の力を借りるにはどうすればよいかとか、そういうことをみっちり仕込まれたと思うな。もしそれがなかったら、今の空道はなかっただろうな。

――自衛隊というのは、人を使うとか、人間関係をうまく築くとか、そういうことを学ぶうえでは良い場所なんですか。

東 良いと思う。俺、そういうことを言うと「時代に逆行している」と言われるかもしれないけれども、せめて半年でもいいから若いやつらは集団生活するべきだと思うよ。

――例えば徴兵制みたいなもの。

東 そこまでは言わない。徴兵じゃなくたっていい。社会ボランティア団体でもいいさ。

――これからの時代、コンピュータの普及やらウィルスに対する免疫の低下やらで、ますます人と人とが直接接触しないようになるなら、なおさらそういったことに重要性が生まれる可能性はありますね。

東 俺だって、それまで実家では一人部屋で住んでいたのに、自衛隊時に入っていきなり16人部屋だからな。二段ベッドが片側に4つずつあって「今日からここで寝ろ」と言われたって寝られないわけさ。

――先生でもそうだったんですね。

東　そうだよ。俺、結構、神経質に育ったんだよ。

――全然そんなイメージがないから、どんな環境にもすぐ溶け込めるタイプなのか、と……。

東　いやいや。当時、一人部屋が与えられる子どもなんて珍しかったと思うんだけど、一人部屋で伸び伸びと好き勝手やって、考えるにしてもじっくりと自由にいろいろなことを考えるのが好きだったんだよね。だから、急に十六人部屋で生活しろと言われたって、どうしていいか分からないわけよ。

――先生のイメージって、極真空手時代の試合スタイル……「重戦車」と評された何事にも動じず前に出るイメージなんですが……。

東　全然そんなことはないよ。話は逸れるけど、俺、重戦車とか、人間機関車とか呼ばれていたけど、戦法としては当時のあのルールの中ではそれが一番合理的だと思ったからそうしただけで、あの頃の極真の選手の中ではもっとも技を研究した選手の一人だと思っているよ。

――パンチの連打で前に出続けて蹴りの間合いを潰すこと自体が革命というか「顔面突きなしのルールだったらこのやり方でやればいいじゃないか」という、そういう発想ですよね。

東　うん。それもあるし、上段蹴りなんて、実戦ではさほど使えないだろうと思っていたし、海外の選手との対戦を想定した場合、二メートルあるやつだろうが、三メートルあるやつだろうが、脚を攻めれば倒せると考えたんだ。

——型にとらわれない自由な発想として。

東　そうそう。……で、話を戻すと、自衛隊の十六人部屋の中にいて、自分の気性もあるし、他人の気性もあるし、十六人が好き勝手な言動をし始める。そんななかで「分かった、それでいいんじゃない？」って相手の意見を認める耐性が養われたわけさ。

（了）

東《あずま》孝《たかし》の遺《ゆい》言《ごん》

2021年11月30日　第1版第1刷発行

著者　東孝《あずまたかし》

発行人　池田哲雄
発行所　株式会社ベースボール・マガジン社
〒103-8482
東京都中央区日本橋浜町2-61-9　TIE浜町ビル
電話　03-5643-3930（販売部）
03-5643-3885（出版部）
振替口座　00180-6-46620
https://www.bbm-japan.com/

印刷・製本　共同印刷株式会社

ISBN 978-4-583-11372-2 C0075